# 笑顔で光って輝いて

改訂版

小林正観
Seikan Kobayashi

いきなり
「幸せ」が
やってくる
70の法則

清談社
Publico

# 笑顔で光って輝いて

いきなり「幸せ」が
やってくる70の法則

改訂版

小林正観

## はじめに

# 自分が明るくなれば、すべてが明るくなる

ずいぶんたくさんの相談を受けてきました。

そのおかげでたくさんのお答えを天からいただいてきました。

相談事の解決法は、大別するとふたつ。西洋的な解決方法と、東洋的な解決方法と、です。

西洋的な解決方法はおもに学校で教わりました。「努力して」「がんばって」自分を取り囲んでいる状況を変えて自分の思う通りにする、というのがその方法です。「私」の外を変える方法です。

それに対し、「私」のほうを変える、「私が変わる」という方法もあります。どちらが良くてどちらが悪いという話ではありません。

たとえば、職場が大声の飛び交うところだとします。怒号、罵声、イライラが満ちてい

るとしましょう。その状態を「私」の気に入るようにする、変えるというのは至難の業でしょう。

それを、「私」が気にしない、さらに進んで「気にならない」ようになったら、別に変える必要がありません。「気にならない私」ができあがったら、職場が荒れていても、淡々とニコニコと、ゆったり生きていけます。

自分が明るくなることによって、職場は明るくなるかもしれません。自分がニコニコすることによって、家庭が明るくなるかもしれません。**「暗いんです」「楽しくないんです」と受け身で言っているよりは、自分が明るく楽しい人になって、「暗い」世界を照らしてしまったほうが、早道かもしれません。**

この本では、そちらの（東洋的な）解決策の話をまとめました。日常生活の中で、いろいろ応用して楽しんでいただければと思います。

本の作成に当たり、編集者の岡崎ゆみこさん、出版社の皆さんには大変お世話になりました。心よりお礼申し上げます。

小《こ》林《ばやし》正《せい》観《かん》

# 笑顔で光って輝いて 改訂版 いきなり「幸せ」がやってくる70の法則 ［もくじ］

## 第2章 笑顔が魅力的な人の共通項――毎日を楽しむ、面白がる

## 第3章 楽に、楽しく生きる考え方——楽になる



## 第4章 光で周りを照らす生き方——温かく投げかける

第5章

## みんなに喜ばれる生き方——受け入れる、味方につける

## 第6章 笑顔で「体」の悩みがゼロになる——言葉と体の関係



## 第7章 笑顔で「男と女」の悩みがゼロになる——男性と女性

# 第1章

# 笑顔で毎日を生きる方法論

## ――ものの見方、捉え方

感謝婦人

# どんなときでも「ありがたい、感謝」

三浦綾子《みうらあやこ》さん（北海道旭川《あさひかわ》出身の小説家・エッセイスト）は、自分のことを「病気のデパート」と称していました。

脊椎カリエスは、正岡子規《まさおかしき》（俳人・歌人）も患っていましたが、明治時代は薬がなく、激痛につぐ激痛で、蚊帳の外にも痛くて出られない状態でした。月に一度の句会は、お弟子さんが枕元に集まって開いていました。

正岡子規は、痛みを笑い飛ばしながら句を詠んでいました。正岡子規の偉さの中には、痛みに耐えて笑い飛ばしていたという諧謔《かいぎゃく》思想（洒落《しゃれ》やユーモア）のすごさがあります。

同じ脊椎カリエスで、二十年間、痛みを我慢し続けた三浦綾子さんの時代には、よい薬ができていて、飲むと痛みが半減するような薬があったそうです。

その後、直腸がんにかかり、手術を受けた三浦さんは薬に頼らない食事療法を行うことを決意しました。食事療法によってきれいになった血液を体の隅々まで送り込むため、毎回、合計数時間、誰かにマッサージをしてもらわなければなりません。

誰にしてもらうかという点に当たっては、夫が、僕がやろうと、二十年間毎日マッサージをしていました。申し訳ないという気持ちでいっぱいだったらしく、「本当にすまないわねえ」と言っていたそうです。

そのたびに、夫は「イット・イズ・マイ・プレジャー（私の喜びだ）」と言い続けました。三浦さんは「初めてこの言葉を聞いた時、私は涙がこぼれそうになった。いや、聞く度に心がほのぼのと暖かくなる」と『忘れえぬ言葉　私の赤い手帖《てちょう》から』（小学館《しょうがくかん》文庫）に書いています。

同じ本に書かれているエピソードです。療養十年目くらいのとき、三浦綾子さんのお母さんが、天理教《てんりきょう》を信じるある婦人の話をしました。**どんな話題に対しても「感謝です」「感謝です」と答えるため、「感謝婦人」と呼ばれていたそうです。**

旭川で、二十日間もの長雨が続きました。洗濯物も乾かないし、農作物もなかなか育ちません。いくらなんでも、どう考えても感謝婦人から「感謝です」という言葉が出てこないだろうと、感謝婦人の友人が思いました。

その友人は、自分の頭の中で考えに考え、「感謝です」と言えるとしたら、どんな理由が考えつくかと、知恵を振り絞って考えていました。しかし、どう考えても、「感謝です」という理由が出てきません。

感謝婦人に聞いたら、どう反応するか、どういう答えを返すのかとワクワクし、ある日のこと、感謝婦人のところを訪ねていったそうです。

友人が、感謝婦人に対して話しかけました。

「なんと長い雨ですこと、困ったものですわね」

この言葉に対して、感謝婦人は、このように答えました。

「長い雨で感謝だと思っています。こんなに長くつづく雨が、もし一度にどっと降ってごらんなさい。天井の底をぬいたような大雨になるにちがいありません。そうしたら、たちまち洪水になって、家も人も、畑も、みんな押し流されるに決まっています。神さまはその大雨を長い日数に分けて、こうして毎日少しずつ降らせて下さっております。感謝なことではございませんか」

感謝婦人の話を紹介したうえで、三浦綾子さんはこのように綴《つづ》っています。

「神は痛みや熱や、倦怠感《けんたいかん》が短時間にどっと襲うことを許されなかった。十年を超える長い年月に分けて、私はその苦しみを毎日少しずつ味わうことになった。考えてみると、それはまことにありがたいことであった。症状が一度に悪化すれば、耐え切れるものではない」

十年以上、悩んで苦しんで、激痛に耐えてきた人が、感謝婦人の一言を聞いて、わが身に置き換え、「人生には確かに耐えがたい苦難がある。しかしそれだけになおのこと、感謝の種を数えて生きぬく者でありたいと思うのである」と書いて、その文章を結んでいます。

人間は、ここまで捉え方を向上させることができるのです。

感謝のレベル

# 「ものの見方」が変わる三つの段階

人間の心には、「初級」「中級」「上級」の九つの感謝のレベルがあります。

①一般的に多くの人が嬉《うれ》しい楽しいと思う現象について、喜ぶことができる
②一般的に多くの人が嬉しい楽しいと思う現象について、幸せを感じる
③一般的に多くの人が嬉しい楽しいと思う現象について、感謝ができる

ここまでは「初級」です。

自分にとって、楽しいと思えることを楽しいと言っているのは、人生において、五戒《ごかい》（不平不満・愚痴・泣き言・悪口・文句）を言うより進歩していて、喜びの領域に入っています。

④一般的に多くの人があたりまえと思う現象について、喜ぶことができる
⑤一般的に多くの人があたりまえと思う現象について、幸せを感じる
⑥一般的に多くの人があたりまえと思う現象について、感謝ができる

ここまでが「中級」です。

目が見えること、耳が聞こえること、歩けること、友人がいてくれることというような、誰もが一〇〇パーセントあたりまえだと思っていることに対して、本当に幸せでありがたいと思える人です。**誰もがあたりまえのこととして、誰も喜ばないような、誰も話題にしないようなことについて、心の底から喜び、幸せを感じ、手を合わせられ、感謝できるようになると、中級者です。**

⑦一般的に多くの人が不幸と思う現象について、喜ぶことができる
⑧一般的に多くの人が不幸と思う現象について、幸せを感じる
⑨一般的に多くの人が不幸と思う現象について、感謝ができる

これが「上級」です。

目の前にどんなことが起きてきても、愚痴や泣き言を言わないようにすると、悲しみや辛《つら》さを感じなくなります。そして、自分の心が成長した結果として、物事に対して、否定的な反応をしないようになります。

さらに肯定的な反応だけではなく、そこに喜びを感じ、手を合わせられるようになったら、いちばん幸せなのは、そう思えるようになった「自分」ではないでしょうか。

私の話を聞いていて、何百人もの人が「正観さんと出会って、楽しいことばかり起きるようになった」と言ってくださいますが、それは、私にとって心地よい言葉ではありません。

私が言われていちばん幸せな言葉というのは、「どんなことが起きても動じなくなりました。不平不満、愚痴、否定的な言葉が出てこなくなりました」という言葉です。

良い、悪いを選《え》り分けているあいだは、人生の達人にはなれません。自分にとって、気に入ることばかり起きて喜ぶのは、悟りの初級の段階です。

そこから一歩踏み出し、中級にならないと、辛く悲しい思いをするようになっています。

そして、**早い段階で上級のところに行くと、何があっても「辛い」「悲しい」という、否定的な言い方をしないようになります。**

心の成長には、難行苦行がまったく要りません。ただ、目の前の現象について、思い方、捉え方、受け取り方を変えるだけなのです。

見方を変えてみる

# 言葉は楽しいものだけにする

二年前、講演会の翌日にこういう質問をした人がいます。

「夫が車にはねられて、二年間昏睡《こんすい》状態のままです。大学生の子どももふたりいて、経済的にこれからどうしたらよいでしょうか」

講演を聴いているあいだも、その方は一切笑いませんでした。この質問に対して、このように答えました。

「病室で、どういう話をしていますか。眠り続けている夫に対して、早く目覚めて働いてほしい、こんなに大変だと、不平不満・愚痴・泣き言・悪口・文句を言い続けてきてはいませんか」

「はい、自分たちがどんなについていてないか、病室で家族と話をしています」

もし、私が昏睡状態の夫なら、家族が入ってきたときに、気づかないふりをします。目を覚ましたら、働けと言っているのですから。

そこで、「今日は朝顔がきれいに咲いているのよね」「今日はお月様がきれいだったの」というように、**嬉しかったこと、楽しかったこと、面白かったことを毎日言っていたら、目を覚ましたくなるかもしれません。**何より、楽しい話を聞いているほうが、細胞も元気になっていくでしょう。

「この二年間、ずっと恨み言を言ってきたけれども、見方を変えたら、いままで保険金で家族みんなが暮らすことができ、とても幸せでした。これから感謝していきます」

何年かぶりに明るく楽しい気分になったらしく、寄り道をし、家族にお土産を買って帰っていったそうです。これまでの心境ではまったく考えられない行動です。

それから二年後、その方が講演会にいらっしゃいました。夫の状況は変わっていないそうですが、**とてもにこやかで、口からはもう「嬉しい」「楽しい」「幸せ」という言葉しか出てきませんでした。**

特別な人

# 「投げかけた量」が「戻ってくる量」

ある講演会場に、三年前に夫を亡くし、いまも泣いているという五十代の女性がいました。

この女性は、亡くなった夫をとても大事に思ってきたのです。その思いと、他人との差が大きければ大きいほど、辛さが大きくなるようになっています。

この女性のように「特定の人しか認めない」という考え方だと、宇宙の法則として少ない量の愛情しか流れ込んできません。「投げかけた量」が「戻ってくる量」なのです。

人間は、目の前にいる人がすべて大切で、同じ重さを持っています。

講演会場で、見ず知らずの人が隣に座っていたとします。この人とは今日、初めて会うと思っているかもしれませんが、実はお互いが生まれる前に、隣り合って座ろうと約束してきました。

お釈迦《しゃか》様の言葉に、「対面同席五百生《たいめんどうせきごひゃくしょう》」というものがあります。対面し、同席している人は、最低でも五百回、人生を一緒に過ごしているという意味です。

縁のある人は、これまで前世で何百回と一緒に過ごしてきた仲間です。他人という名の家族であり、家族という名の他人でもあります。

特別な人を特別に思っているあいだは、神様や宇宙は味方につきません。特定の人でなければいけないと思っている場合を、「我《が》が強い」と言います。

**家族や恋人だけが特別という考え方をやめて、目の前の人をすべて同じように見られるようになると、神様や宇宙が味方になり、素晴らしい人がどんどん現れてくれます。**

周りに投げかける量が多くなればなるほど、大量のお返しをいただくようになります。

そういう人に、神様や宇宙は無限の支援を与えるようです。

魂の成長

# 死ぬことを考える必要はない

目の前にいる人がコップを持っているとします。その方から「このコップは軽いでしょうか、重いでしょうか」と質問をされました。正しく答えるとしたら、「答えられない」というのが答えです。

宇宙的に、「軽い」「重い」という基準はありません。目の前にいる人が決めることで、その人にとって軽いか重いかで決まります。

では、病気や事故はなぜ存在するのでしょう。病気は、とてもやさしい心を持っていた人が、何かの加減や都合でやさしさを失ってしまったとき、元のやさしさに戻るためのバネとして、（生まれる前に）病気をするシナリオを書きました。病気をした人は、必ず元のやさしさに戻ります。

事故とは、謙虚さを失った人が、いまの謙虚ではない状態を元に戻すため、生まれる前に書いたシナリオです。事故を起こした人は、必ず元の謙虚な状態に戻ります。

病気や事故が不幸と思っている方が多いかもしれませんが、自分の魂の成長に必要なことを、自分がシナリオに組み込んでいるのです。

よく、死ぬことを「不幸にあう」という人がいます。

宝くじに当たる人がいて、当たらない人がいる。ふぐに当たる人がいて、当たらない人もいる。車に当たる人がいて、当たらない人がいる。当たる人、当たらない人を、「ついてる人」「ついてない人」、「幸運な人」「不運な人」と一般的に分けることができます。

では、死なない人はいるでしょうか。この世に生まれたからには、必ず死ぬようになっているので、「死ぬ人」「死なない人」には、分かれません。

ですから、**死ぬのが不幸で、死なない人が幸運という分け方はできません。このことから、死は幸、不幸という対象にはならないということが解《わか》ります。**

死ぬこと自体は、すべての人に訪れるので、選びようがありません。すべての人に公平平等に起こることなので、不幸なことでもないし、いけないこと、悲しいこと、イヤなことでもありません。

すべての人が呼吸をしていること、食べることに対し、良い悪いは言わないはず。死ぬことにだけ、良い悪いと言っているのはおかしいのではないでしょうか。

死ぬことについて、考える必要はありません。死を考えている「私」は、生きているのだから死を考える必要はなく、死んでからはもうすでに死んでいるので、どちらにしても考える必要がない。

目の前の現象や、自分の置かれている環境、いまどういう状況に置かれているかもすべて含めて、「本当についてる」「ありがとう」と言うことができたら、それが、その人の生き方になり、ありがたさのかたまりで生きることになります。

喜べば喜ぶほど、たくさんその言葉を言いたくなるような現象が宇宙から降ってきます。

## 人生でいちばん大切な年代

# 「喜ばれる存在」で生きる

人生でいちばん大切な年代はいつでしょうか。

二十代、三十代、四十代、五十代、六十代、七十代……。

私の話を聞いている人の多く、九割の方は「いま、生きているときがいちばん重要だと思う」と答えました。

いま、生きている年代は二番目に重要です。人間にとっていちばんに重要な年代、それは「死んだあと」です。

どれだけ長く生きたか、どれほど寿命があったか、ということは問題ではなく、どう生きたか、どう死んだかということが重要になります。

人間は、なんのためにこの世に生命肉体をもらったかというと、喜ばれるため。自分の体のことばかりを考えながら、病気と闘うだけの生活というのは、喜ばれることを考えずに生きているのかもしれません。

ある講演会場で、「脳腫瘍であと三ヵ月と宣告されましたが、どうしたらいいでしょうか」と、質問されました。

いつも笑顔を振りまいて、自分の口から出てくる言葉が「嬉しい」「楽しい」「幸せ」「愛してる」「大好き」「ありがとう」「ついてる」「あ〜、今日も青空で素敵ですね」と、にっこり笑った瞬間に、目の前の人に、喜び、幸せ、安らぎを与えることができます。

喜ばれるように生きている人は、病気であるかどうかは関係ありません。**死ぬ直前まで喜ばれる存在で生きることで、その人は「生きている」ことを、しています。**

自分の命がいつなくなるかに関係なく、死ぬまでに「どれほど喜ばれる存在であるか」というふうに切り替えてしまった人は、寿命の三ヵ月が来ても、半年が来ても、なぜか死なないことがあります。

人間の体はとても面白いことに、自分の寿命と闘って「死にたくない、死にたくない」と思っている人ほど、死を招き寄せるようなのです。

「喜ばれる存在」として、その役割を担って、自分の目の前に来た人には常に温かい言葉を投げかけ、自分の一言一言を喜ばれるように変えていってはいかがでしょうか。

要求と感謝

# 神様は「感謝する人」の味方

お釈迦様は、四十五年かけて「夢や希望を語るのではなく、執着をなくすことで、初めて悩み苦しみがなくなる」ということを説き続けました。

人間の生活というものは、「苦」に満ちている。これを「苦諦《くたい》」。苦の本質は執着である。これを「集諦《じったい》」。その執着をゼロにすること、なくすことで楽になるのではないか。これを「滅諦《めったい》」。それを日々、目の前に起きてきたことに実践していく。これを「道諦《どうたい》」と言いました。

「苦《く》」「集《じゅう》」「滅《めつ》」「道《どう》」。この四つの悟りを「四諦《したい》」と言います。これを実践していくことで、人間は、悩み苦しみがなくなるということを教えてくれています。

神社仏閣はお願いごとをするところではなく、自分がいかに恵まれていてありがたいかを伝えるために、「ありがとう」とお礼を言いに行くところです。そこでお願いをするということは、いまの状態を気に入らないと、神や仏に向かって宣戦布告をしているようなもの。

本来「ありがとう」は、神や仏に対して使う言葉であって、人に対して使う言葉ではありませんでした。私たちの手の届かないことについて、奇跡的なことが起きたときに、手を合わせて「ありがたし」「ありがとう」という言葉だったのです。

室町《むろまち》時代以降、「ありがとう」が初めて人に対して使われるようになりました。

神様は、人や神様に対して投げかけられる「ありがとう」を差別せず、「ありがとう」「ありがたし」を全部カウントし、把握しているようなのです。

**神様は「ありがたし」「ありがとう」という言葉に対して、やる気になって、その人たちに何かをしてあげたいと思うような心を持っているらしいのです。**

先日、同じような質問をされました。

ひとつ目。「夫婦で商売をしています。お客様もいいお客様で、応援してくれます。両親、子どもたちもお店を手伝ってくれるので、人間関係にはとても恵まれています。唯一、問題なのは売り上げが上がっていかないので、経済的に苦しい。売り上げを上げるためにはどうしたらよいでしょうか」

ふたつ目。「私は恵まれていていろんなことが幸せだと思っていますが、ただひとつだけ、子どもができないことが、十年間の悩みです」

この方たちに、同じ答えを言いました。

「舅《しゅうと》も姑《しゅうとめ》もいい人なのですね。人間関係にも恵まれている。では、**その方たちに対して、ありがとうと言ったことはありますか**」

この方たちは、「えっ?」と言って、絶句したまま答えませんでした。ありとあらゆることに、一度として手を合わせたことがなく、ずっと文句を言い続けているのです。

感謝をしたことのない人が、「あれをよこせ」「これをよこせ」と言い続けます。神様は千個あるうちの九百九十九の恵みを与えたにもかかわらず、気に入らない一点だけを挙げている人に、ふたつ目、三つ目の気に入らないことを与えていくようです。

「この腰痛が治ったら、神様に感謝できます」と言う方がいます。

私はニッと笑って言いました。

「腰痛が治ったら感謝できると思っているのですね。でも、腰痛が治ったときに、あなたはたぶん感謝をしないと思います。今度は、次に孫がこの大学に入ったら幸せなのだけど……と、次の要求を、天に向かって言い放つと思いますよ」

「どうして私のことが解るのですか」と驚いていました。

要求をして「これが叶《かな》えば幸せなのだけど……」という人は、それが叶ったからといって感謝をすることはありません。要求したら叶うという方程式が実現してしまうと、実際には、感謝をせずに要求を繰り返していきます。

子どもができないと相談された女性が、七ヵ月後の講演会に参加し、このような話をしてくださいました。

「『感謝をしたことがありますか』と言われ、そのときは一時間涙が止まりませんでした。そして、その後も、一晩中眠れませんでした。生涯の中で、いちばん手厳しいことを言われ、確かに感謝をしたことがなかったので反省しました。その日の午後から『ありがとう』を言い始め、いま、妊娠七ヵ月なのです」

みんなが猛烈な拍手をしました。それからしばらく経《た》って、無事に元気な赤ちゃんが生まれたそうです。子どもができないという執着から離れて、自分がいかに恵まれているかに気がつき、感謝をしたら、十年間できなかったのに、突然妊娠しました。

このことに気がついたら、足りないことに文句を言うのではなく、周りにいる温かい存在に、一つひとつ感謝をしていく。その結果として、なんの問題もなくなっていることに気がつきます。何かを追い求めるのをやめると、神様が味方をしてくれるようになります。

宇宙は二重構造、求めたものと反対のものが返ってくるようです。

幸せメガネ

# 「恵まれていること」だけを見る

あるふたつのグループに、実験をしたことがあります。

ひとつ目のグループの二、三十人の方に紙を渡して、「足りないもの、欲しいもの、手に入れたいものを書けるだけ、紙に書いてください」というお願いをしました。三十項目、四十項目、五十項目書ける人がいます。

書き終わったあとに「自分がすでに手に入れていて恵まれていると思うものを、同じ項目数を書き出してください」というお願いをしました。同じ項目数を書けた人は、いまだかつて、ひとりも見たことがありません。

ふたつ目のグループには、「すでに手に入っていて、自分が恵まれていると思うものを、書けるだけ紙に書いてください」というお願いをしたら、三十項目、四十項目、五十項目書ける人がいました。

次に「同じ項目数だけ、足りないもの、欲しいもの、手に入れたいものを書き出してください」とお願いすると、同じ項目数を書ける人はひとりもいません。

どうしてでしょう。それは、かけているメガネが違うからです。

恵まれているものを見続けている人は、足りないものを見ていないので、見えないのです。探せと言われても、探せません。

足りないものだけを見続けている人は、すでに恵まれて、とてもいい思いをさせていただいているにもかかわらず、そこには目が行かないので、足りないものだけ見ているけれども、恵まれているものが見えていないのです。

人間は、どちらかの世界にしか住めません。今日まで、あるメガネをかけてきた人が、今日から別のメガネに切り替えることはできるけれども、両方のメガネを取り替えながら生きていくことはできません。メガネはひとつきり。

**私は三十年ほど前に、幸せメガネに切り替えました。恵まれていることはよく見えるけれども、足りないもの、欲しいものはありません。それを、「夢や希望のない暮らし」と言います。**

夢や希望に満ち溢《あふ》れている生活というのは、よく考えてみると、あれが足りない、これが足りないという生活ではないでしょうか。

夢や希望という名前のよい言葉を教え込まれ、なんとなく洗脳されてしまっていますが、夢と希望に満ち溢れている生活というのは、足りないものばかりを一所懸命言っている生活です。

人間は、自分にないものを持っているパートナーを求める。

結婚している人は、独身の人が羨ましい。

独身の人は、結婚している人が羨ましい。

いま、自分が置かれている状況と違う状況が、全部、夢と希望となります。物理的に分けて考えると非常に簡単なのですが、いまある生活を喜んでいる人というのは、夢や希望に満ち溢れません。

目が見える、耳が聞こえる、食べられる、自分の足で歩ける、酸素を何者かがくださっていること、何者かが雨を降らせてくださること。私たちは、神様からこんなにたくさんの恵みをいただいています。

いま、幸せだと思ったら、いきなり「幸せ」になります。
幸せとは、何かを手に入れることではなく、ただ、自分が感じるものなのです。

アンテナを広げる

# 「受け入れる」と感性が広がる

あるとき、十人の仲間と旅行に行き、朝市に出かけました。そこで、自分が食べたいもの、美味《おい》しそうなものを、時間を決めて買い集めることにしました。

集合してみんなで見せ合うと、自分では絶対に選ばないものを買ってくる人がいる。「こういう色・形の食べ物は、自分では絶対に選ばない」と思っていたものが、食べてみるととても美味しいという発見です。

自分が選ぶものは、過去の経験と想像力から判断しているので、いままで違う人生を歩いてきた友人は、自分とはまったく違ったものを選ぶことがあります。

夜に、「ここ二、三日で感じたこと」「気がついたこと」などを話し合うと、ある人は「天気」の話、ある人は「食べ物」というように、切り口がそれぞれ違って面白い。

自分と同じ感覚ももちろん楽しいけれど、**相手の感覚を受け入れて尊重することにより、**

**自分の「感性」が広がっていきます。それが、物事を違う角度から眺められる「アンテナ」をひとつ手に入れたということです。**

そして、また別の友人が、「アンテナ」をひとつ広げてくれる。二十人の話を聞くことで、二十人分の「感性」と、二十個の「アンテナ」を得られるようになります。

自分の価値一〇〇パーセントではなく、他人の価値や感性を尊重すると、面白いことが解ってきます。アンテナを広げていくことで、どんどん幅の広い人間になっていく。

よい仲間、自分と似ている人に囲まれるのも面白いのですが、**自分とまったく違う考え方の人も、アンテナを広げてくれる、大切な人です。**目の前にいる人は、競い合い、比べ合い、争う人ではなく、私のアンテナを広げてくれる味方。

人生は、面白いものや面白いことを追い求めるのが目的ではないようです。アンテナを広げることで、より豊かな人生になっていくのではないでしょうか。

「そうなりましたか」

# 評価、論評せずに受け止める

海辺にたたずんでいる旅人がいるとします。その旅人は、ただ座って、押し寄せる波を何日も眺めていました。

昨日はさわやかな風が吹き、やさしい波が押し寄せてきました。今日は雨が降り、高い波が押し寄せています。毎日、いろいろな波が押し寄せてきます。

毎日、さまざまな現象が波のように押し寄せてきますが、**宇宙には、「幸」「不幸」という概念は存在していません。**

日常には、嬉しい、楽しい、幸せ、辛い、悲しいと思うことがありますが、その現象に対して、見ている「私」が色をつけてしまっているのではないでしょうか。

楽しいと思えば「楽しい」という色に染まり、悲しいと思えば「悲しい」という色に染まっていく。**もともと、その現象には色がついていません。**

私たちは、すべての現象を眺めながら、評価、論評をせず「そうなりましたか」と淡々と受け止めていく旅人なのかもしれません。

海が「島と島とを隔てている」という考え方があります。しかし、**この海が「島と島とを繋《つな》いでいる」と考えることもできます。**もし、島と島とのあいだの水深が八千メートルあるとしたら、隣の島に行くまで八千メートル下り、また登らなくてはいけません。海が存在してくれるおかげで、船を使い、短い時間で渡ることができます。

毎日は、物事の捉え方の訓練ではないでしょうか。

義務と権利

# 人間だけが「感謝」できる生物

人間として生まれ変わる場合、義務が一個、権利が一個ずつ存在します。

義務は、「輪廻転生《りんねてんしょう》」。生まれ変わりです。

輪廻転生は、「生まれ変わること」という意味ではなく、「必ず生まれ変わらなくてはいけないこと」を指しています。本人の意思とは関係なく、必ず生まれ変わります。これが、私たち人間にとって唯一の「義務」です。

唯一の権利は「感謝すること」。

**地球上に存在する生物の中で、唯一、人間だけが「感謝」できる生物なのです。**私たちはこの人間としての肉体をもらった以上、「感謝」する権利があります。

同じ霊長類のゴリラやチンパンジーは、手を合わせて感謝することはありません。人間だけが「感謝」することを許されているのです。

# 第2章

# 笑顔が魅力的な人の共通項

## ――毎日を楽しむ、面白がる

虹

# 雨は喜びの「前半分の現象」

面白がって、嬉しがって、「嬉しい」「楽しい」と言っている人には、どうも神仏がかかわってくるようです。

旧約聖書によると、虹は神様が人間と契約したことを忘れていないということの証《あか》しとされています。謙虚に「モーゼと神との約束（十戒《じっかい》）」をきちんと守っている人間に対して、神様はその約束を忘れていないという証拠に、虹を見せてくださいます。そのモーゼと神の約束（十戒）は、このような内容です。

①我は汝《なんじ》の神なり。我のほか、何者をも神とすべからず

（あなたは、私以外に他の神を持ってはならない）

②汝、偶像を造り、これを拝みこれに仕うべからず

（あなたは、いかなる偶像も崇拝してはならない）
③汝の神の名をみだりに唱うべからず（神の名前をみだりに口にしてはならない）
④安息日を心に留め、これを聖別せよ
（七日に一日、安息日を設けて、その日を聖なる一日にすること）
⑤汝の父母を敬うべし（あなたの父と母を尊敬しなさい）
⑥汝、殺すなかれ（殺してはならない）
⑦汝、姦淫《かんいん》するなかれ（不義を働いてはならない）
⑧汝、盗むなかれ（盗んではいけない）
⑨汝、隣人に対して偽証することなかれ（ウソをついてはならない）
⑩汝、隣人の家を欲することなかれ（近所の人の所有物を欲しがってはならない）

虹には、神様も約束を守っている人間を祝福していますよというメッセージが込められています。

**以前、講演会で、「神様は喜ばれると嬉しい存在なので『雨が降ったあとに虹が見えるといいなあ』『雨が降らなくても虹が出るといいなあ』と言っていると、虹を見せてくだ**

**さるかもしれません」**という話をしました。

この話を聞いていた人が、翌朝、会社に出かけるときに、なぜかその日だけ突然に虹が出るような気がして、カメラを持って出かけたいと思いました。しかも、二重の虹が出そうな気がしたそうです。

その日は、まったく雨が降らなかったにもかかわらず、夕方六時半頃、日が落ちる直前に虹が二本出ました。カメラを持って出ていたので、その虹を撮ることができたそうです。その虹は夕立で出たものではありません。

虹が出てくれなければイヤだと思うのではなく、面白がって楽しがって、そんな気がしたのでカメラを持って出ようと思った日に出たという実例です。

私たちの仲間で旅行に行ったときに虹が出ることがよくあります。そうすると、車をとめて降り、みんなで「ありがとう」と拍手をします。

「虹さん、ありがとう」と言っていると、虹がどんどん濃くなっていき、さらにその上にもう一本出る例が多くあります。

雨が降ったとき、もしかしたら、虹が出るんじゃないかなぁと、にっこり笑ってあちこち見回していると、虹が出ることがあります。

「虹が出てくれてありがとう」と言い、**「この雨は虹の前半分の現象だった。雨が喜びの前半分だった」**と、両方の出来事に対して、ありがとうという捉え方の訓練をしている人には、神様はたくさん虹を見せたいようです。それを一言で言うと、「えこひいき」と言います。

神様は、面白がる人には面白がらせようとしますが、狙いを定めてこうしてほしいと言うと、いまを否定したことになり、叶えてはくれません。

**いまあることについて幸せを感じ、面白がり、感謝をしていると、たくさんのものを与えてくださるようです。**

宇宙からのメッセージ

# 奇跡を共有した仲間が生涯の友に

二〇〇七年六月十日、青森県の蔦《つた》温泉というところで、四十人ほどの三泊四日の国内旅行がありました。

ここは大町桂月《おおまちけいげつ》さん（紀行文で十和田《とわだ》を全国に紹介した明治の文人）が晩年を過ごした宿で、この日はちょうど命日でもありました。

この日は、偶然大町桂月さんのお孫さんも宿泊されているということで、「ぜひ、お話を伺いたい」とお願いしたところ、当日でしたが快く引き受けてくださいました。

蔦温泉には、星が映る湖（蔦沼《つたぬま》）があります。私はこれまで何百という湖に行きましたが、星の映る湖を見たことがありません。もしかすると、日本に唯一かもしれません。ただ、蔦温泉にはこれまで何度も宿泊していますが、一度も見えたことがありませんでした。

この夜は快晴で、風もなく月も出ていないという、とても恵まれた天候のため、初めて星が映る湖を見ることができました。

翌日、十キロ離れた奥入瀬《おいらせ》渓流にいた人に聞いたところ、その日は夜から朝方まで雨が降っていたため、星はまったく見えなかったそうです。

以前、甑島《こしきしま》（鹿児島県の西四十キロの東シナ海に浮かぶ島）に旅行へ行ったときのこと。

数台のレンタカーを借りておおぜいの仲間と宿に向かっていると、信号が青で、とてもスムーズに観光ができました。最後の日、全員を宿に降ろし、数人だけでレンタカーを返しに行くと、今度は赤信号でとまることになりました。

ひとりだと赤信号になり、皆を乗せていると青信号でスムーズに流れる。**つきまくっている個人よりも、ついている人が集まったときのほうが「よりついている」ということが**解りました。

ひとりでもついているのだから、自分だけついていればよいという考え方もありますが、損得勘定として、〝ついてる〟仲間と行動していくと、神様から、たくさんの応援支援をいただけるようです。

そして、**楽しい出来事、楽しいニュース、めったに起こらないことが重なった日に一緒にいる仲間は、一生涯、よい友人になれるというのが宇宙からの情報です。**

反対に、自分にとってあまり心地がよくないと思える出来事が起きたときには、今日これから数時間後に起きる提案については、断ったほうがいいようなのです。

宇宙と自分が別物ではないと思ったところから、宇宙が味方を始めてくれます。

数字の奇跡

# 意思とは関係なく到達する結論

二〇〇七年四月十二日から十七日までと、五月十七日から二十二日までに分けて、四国八十八ヵ所巡りを行いました。本堂《ほんどう》と空海《くうかい》さんがまつられている大師堂《だいしどう》百七十六ヵ所に対して、全員がお願いごとをせず「ありがとう」しか言わないお遍路《へんろ》でした。

今回のお遍路は、運転手さんバスガイドさんを含め、なんと八十八人で八十八ヵ所を回ることになりました。今回バスをお借りした伊予鉄《いよてつ》バスは昭和二十八（一九五三）年にお遍路バスの運行を開始、この年で五十五年になります。これまで年間に千本のお遍路バスを出しているそうですが、五万五千グループの中で、八十八人の団体はこれまでわずか四回だったそうです。八十八人には、めったにならないらしい。私たちのグループも、当日まで人数の変動があり、調節をしていません。偶然に「八十八人」でした。

前年の同じ時期にお遍路さんをした方の話を聞くと、菜種梅雨《なたねづゆ》でずっと雨が降り続けたそうです。私たちがお遍路をしているあいだは、毎日晴れ、降水確率一〇〇パーセントというときも雨には当たりませんでした。

雲を見ると彩雲《さいうん》（太陽の光を浴びて五色に輝いている雲）が出て、太陽を見ると日輪、月には月輪が出ていました。日輪と月輪は、翌日雨が降ることを示しています。空中に水蒸気が多く発生していて、その水蒸気に光が当たって虹色に輝くのです。

ですが、翌日の雨はありませんでした。毎日のように日輪と月輪が出ていました。雲がびっしりあったのですが、高知県の足摺岬《あしずりみさき》に行くと、私たちの上空だけ晴れていました。宿に入って五分後、ものすごい雨が降り、その後ひょうが降ってきました。

二回に分けたお遍路のあいだに当たる四月十七日から五月十六日までの三十日間に、静岡県の伊東《いとう》での合宿や講演会に集まった人数を数えたところ、すべて八十八に関する数字になりました。あるところでは八十八人、あるところでは百七十六人（八十八の二倍）で、あるところでは百三十二人（八十八の一・五倍）。百八人という日もありましたが、主催者の方が数えてみたところ、なんと八十八家族。そして、結願《けちがん》（四国霊場八十八ヵ所をすべて回り切ること）の日、講演会があり、その日も一次会で二百四十人、二次会二百人、計四百四十人ちょうど。八十八の五倍でした。どうも神や仏から好意的に評価されたということなのかもしれません。

三十日間八十八の倍数が続くという確率計算をしたところ、十の四十乗分の一という数字になりました。たとえるならば、百億の人口が何兆年か生きているあいだに一度あるかないかの確率です。人間の力では絶対にできません。

**唯物論として事実を追いかけていくと、どうしても本人の意思とは関係なく、到達する結論があります。絶対といっていいほど、人間技ではできない確率が続いて起きている。**

何者かがそういうことができ、そういう意思を持っていると言わざるを得ません。私は唯物論者ですが、間違いなく、神様が存在するようです。

淡々と

# 競わず、心地よく、楽しそうにやる

スポーツ・芸能・芸術は、人を癒やすために存在しているジャンルです。結果や成績を追い求めるのではなく、それを通してひとりでも多くの人に、安らいだ気持ちになってもらうために存在しています。**順位を競うためではなく、心地よく、気持ちよく、楽しそうにやること。**

たとえば、成績がよいと有頂天になって、成績が悪いと落ち込むような人を、私たちはあまり歓迎しないでしょう。そういうように気分が上下している人を、神様も応援しないので、よい成績を残さないようです。

年間に、五回六回と有頂天になる人は、必ず同じ分だけ落ち込みます。そして、有頂天になる高さと、落ち込む高さが一緒です。人の論評や評価に対して、一喜一憂する人が、有頂天になったり落ち込んだりしています。

**成績の良し悪《あ》しにかかわらず、淡々としている人に、神様や宇宙が応援、支援をしているようです。**

あることについて、比べて競って順位を争うより、神様や宇宙を味方にすることが、近道なのかもしれません。

マイルドに、薄味に

# 魅力的な人が集まる人の共通項

岐阜県に住む当時小学三年生の女の子が、夏休みの自由研究で、「ありがとう」と言葉をかけると、植物の生育や食べ物にどう影響するのかという実験をしました。

イラスト・写真を用いて、大学ノート二冊分のレポートをまとめています。二百の食べ物に「ありがとう」と「バカやろう」を百回ずつ言う実験方法です。甘いチョコレートに「ありがとう」百回と、「バカやろう」百回の言葉をかけて、家族三人に味見をしてもらいました。

「バカやろう」と百回声をかけたチョコレートは、無茶苦茶に甘くなって喉越しがとても悪くなり、「二度とこのチョコレートを食べたくない」と三人が言ったそうです。

「ありがとう」と百回声をかけると、甘さが抑えられ、マイルドになり、「このチョコレートなら、美味しいので何枚食べてもいい」と三人が言いました。

ビターチョコレートにも声をかけてみたところ、「バカやろう」を百回言ったチョコレートは、「こんなに苦いのは、二度と食べたくない」と三人が言いました。「ありがとう」と百回声をかけたほうは、苦さが半減して、「とても食べやすくなりまた食べたい」と三人が言ったそうです。

**二百の食べ物に「ありがとう」の実験をして解ったことは、すべてがマイルドになるということ。**「バカやろう」では、ものすごく個性が強調され、甘いものはより甘くなり、苦いものはより苦くなるようです。

このレポートを見て、とても面白いと感じました。何より彼女自身が面白がって検証を行った様子が伝わってきたので、ありがとう博士号を授与しました。

その後、彼女同様に「ありがとう」を研究する小学生の励みになるのではと、『ありがとう博士』の認定制度が始まりました。

彼女は『ありがとう博士』の第一号です。

越後《えちご》（いまの新潟県）に「越《こし》乃《の》寒梅《かんばい》」という銘酒があります。この酒は個性がなく、水のようにサラッとしています。酒に詳しい人に言わせると、よい酒というものは「いかに水に近い酒を造るか」なのだそうです。

コーヒーには、さまざまな銘柄があります。コロンビアは酸味が強く、キリマンジャロは渋みと苦みがあるなど、いろんな特徴があります。ブルーマウンテンは、自己主張がないという特徴をひとつの豆で持っています。

ありとあらゆるジャンルを追い求めていくと、最高級品というものは、すべてマイルドなもの、自己主張がないものに統一されます。個性を際立たせるのは、周りにとって、どうも心地のよいものではないようです。

人間の体の七〇パーセントは水でできています。その水は「ありがとう」という言葉に反応して、マイルドな水になります。体もマイルドになり、人格もマイルドになる。興奮することも少なくなると同時に心労も減り、ストレスから病気になることも減っていきます。

**がんばって物事を乗り越えていくより、がんばらないでマイルドに生きていくのが、宇宙的な本質のようです。**攻撃的な性格の人や、すごく落ち込んでいて、辛い悲しいと言い続けている人を、宇宙は応援しません。宇宙が応援するのは、どちらにも偏っていない人、マイルドな人なのです。

私の話をよく聞きに来てくださる方が、このような質問をなさいました。

「どうして正観さんの周りには、魅力的で素敵な人ばかり集まるのでしょうか」

私の周りには、本当に素敵な人が集まっています。どうしてそのような人が集まるのか、あまり話したことはありません。そこで、逆に質問をしました。

「和食の主食はなんでしょう」――米です――

「西洋食の主食はなんでしょうか」――パンです――

「このふたつに共通することはなんでしょう」――味がなく、無味無臭です――

主食であるための資格は、味がなく、無味無臭であることです。

たとえば、デミグラスソースのかかったステーキ、スパゲティならトマトソースや、ホワイトソースなどの美味しいものは、毎日は食べられません。

無味無臭であればあるほど、濃い味のおかずが集まってきます。チャーハンなどの濃い味のもとには、その周りにものが集まりにくくなります。主食が薄味でない限り、周りに魅力的な味の人が集まりません。

私は、個性を訴えているように思えるかもしれませんが、自分の考え方や生き方を、皆さんに対して、主張したことは一度もありません。世の中をこうしよう、このように変えようとして、話をしているわけでもありません。〝情報〟を伝えているだけで、皆さんがその情報を使っても使わなくても構いません。

**私がこれまでの人生で心がけてきたことは、「いかに薄味であるか」ということでした。面白いことに、薄味の人には、魅力的で楽しい人が集まってきます。**

中心的に存在している人が、個性的、自己主張という面を持っていてもいいのです。しかし、その味の濃い生き方を周りの人に押し付けると、お互いに主張をして摩擦が起きてしまい、同じ味の濃い人は去っていってしまいます。

グループの中心にいる人が、自分の個性を持ってはいるけれども、その個性を周りの人に押し付けないという薄味の生き方をしていると、周りに味の濃い、面白い人がたくさん集まってきます。そして、お互いに「あなたもいい味ね」と褒め合いながら生きていきます。

このことから、皆さんは周りに人が集まるコツというものが見えてきたのではないでしょうか。

薄味になることで、いままでの人間関係がスムーズになり、さらにこれから出会う人が、個性的で、魅力的な人がどんどん集まってきてくれるので、面白くて楽しい集団になっていきます。

人が集まったところで、ある一定量を超えると、ザザーッと動き出します。砂山にたとえると、砂を山になるまで少しずつ重ねていきます。実は、重ねているあいだは何も起きていないのではなく、崩れる準備をしています。そして、ある一定量を超えると崩れてしまう。

これを『易経《えききょう》』（中国で最も古いと言われている占いの書）でいうと、「運は動より生ず」と言い、「運動」という言葉になります。

**人やものが集まると、動きが生じて「運」になり、ある一定量を超えると「動」すなわち動きが出てきます。**人がたくさん集まると、それだけでうねりができる。ですから、喫茶店や商店などの自営業をしている人のもとへ人が集まると、それだけで商売になります。

いままで個性的な存在、自己主張の強かった人は、人間関係が大変だったかもしれません。自分が個性を振り回しているあいだは、面白い人が集まらないようです。

自分が中心的に存在する立場になったなら、薄味になると面白い魅力的な人が集まってきます。

緊張を
解く方法

# トイレ掃除で「自我」を取り除く

ある講演会の二次会（講演会のあとに、希望者で食事やお話をする会）で、質問がありました。

「実は私、ＰＴＡの役員をやっています。三日後にＰＴＡの集まりがあり、そこでスピーチをしなくてはいけないのです。人の前に出ると体が震えたり、緊張したりするので、とても困っています。あがらない方法はありませんか」

**緊張し、人の前で話がしづらい人は、その直前にトイレに行き、手をできるだけ便器の奥まで入れて、掃除をすることをお薦めします。**人前で緊張するのは、自分がきちんとした人、カッコいい人に思われたいという「自我」がとても強く出るからです。

トイレ掃除をすると、「自分が大した者じゃない」と思えてくると同時に、詰まっていた自我が取り除かれて、緊張しなくなるようです。

困ったという状況になったときは、奥まで手を入れて、トイレ掃除をしてみてはいかがでしょうか。

さらにもうひとつ、自己紹介をする場合の提案があります。私は、体脂肪率が一二パーセントで、イチロー選手と同じなのです。

**みんなから好意、好感を持たれているような有名人や、カッコいい人の例を挙げて、一緒に紹介することで、好感度が上がり、覚えてもらえて、楽しい人と知り合えるかもしれません。**そのように考えると、人前に出て話す機会も楽しくなるのではないでしょうか。

脳の不思議

# 過去に感じた喜びを思い出す

人間の頭の中には脳細胞があります。脳は目の前に面白いこと、楽しいことがあると、幸せ物質を出します。

その、面白い、楽しいと思ったときに出る幸せ物質が、なんと過去にあった嬉しい・楽しい・幸せなことを思い出したときも出るのです。

さらに、三ヵ月後、一年後、同じような楽しいことがあるといいなと、未来のことを想像しただけで、いま目の前に幸せがあるのと同じように、幸せ物質が出るようです。

**脳は、現在・過去・未来にまったく関係なく、同じように喜びや幸せを感じます。脳には、時間経過がなく、現在・過去・未来を認識する力がないようです。**

人間の体の中でいちばん進化している存在なのに、どうして認識ができないのでしょう。それは、「神」に近いからではないかと思うようになりました。神の世界には時間という概念がないらしく、現在・過去・未来の区別がつかないようです。

私の周りには、トイレ掃除をしてお金に困らなくなった方が数千人いますが、何人か、「全然お金が入ってこないじゃないか」と言う人がいました。

トイレ掃除をしてもお金が全然入ってこない人の共通項は、「全然臨時収入が入ってこない」と、文句を言いにきたということ。

神様の目から見ると、必ず一年後に文句を言うことが解っているので、時間経過に関係なく、臨時収入を与えることはありません。神様には、時間経過、現在・過去・未来が関係ない。「〇〇してくれてありがとう」と先にお礼を言われてしまうと、「まだやっていなかった、先にお礼を言われたから、やってあげようかな」と思うみたいです。

面白いことに、私たちの脳も時間経過の認識ができません。**誰かに何かを頼むときに「〇〇をしてくださいますか」と言うよりも「〇〇してくれてありがとう」と言ったほうが、脳の反応も違ってきます。**

中年の方は、カラオケに行く機会があるなら、最新の曲を歌うのではなく、若い頃の古い曲を歌うことをお薦めします。失恋直後の歌は体に大きなダメージを与えてしまうので、**楽しかった頃の歌を歌ってください。**あの歌を聴いていたときに、素敵な恋をしていたとか、ちょうど学校に合格したときにこの歌が流行《はや》っていたというような、楽しい思い出と密接に繋がっている古い曲を歌います。そうすると、体が反応し、その楽しかった時代の細胞へ戻ろうとするので、若々しくなります。

カラオケは、若くなるために存在するものです。無理をして新しい曲を選ぶ必要はありません。

人格の広がり

# 誘われたら、まず、動いてみる

運というものは、動くことにより、初めて何かに当たっていきます。家に引きこもって「楽しいことが何もない」と何もしないより、たとえば散歩に出かけてみる。

そうして、行動範囲が広がると、出会う人・物・事が出てきます。**出会ったものを一つひとつ大切にしていくと、いつの間にか自分の生活が忙しくなっていきます。**

人生が面白くないという人は、まず、動いてみることから始めてみましょう。

「行動範囲の広さ＝人格の広さ」という宇宙法則があります。

わがままを言い、人格が荒れているあいだは、周りの人から声がかかりません。

知り合った人に誘われること自体、人格的に好意を持たれる穏やかな人になったということ。

友人と旅行をすると、二十四時間一緒に行動を共にします。友人に合わせるということが入り込むと、どんどん人格が向上していくようです。交友関係が、人間関係の内部に入り込んでいきます。

**周りの人から声をかけられて、あちこちに行けるようになると、また人格が広がっていきます。**

誘われたとき、三、四回断ってしまうと、もう二度と誘われないようになります。一、二回のうちに行ってみるのも、人格の許容度・寛容度が広まったということです。

# 第3章

# 楽に、楽しく生きる考え方

——楽になる

人生のポイント

# 宇宙には幸も不幸も存在しない

松下幸之助《まつしたこうのすけ》さんは、幼い頃からとても体が弱い方でしたが、いつも「私は体が弱くてよかった。運がよかった。運が強かった」と言っていたそうです。

松下さんは、小学校のとき、父親が米相場で失敗して財産を失ったため、小学校を四年で中退しています。

「もし大学でも出ていたら、恥ずかしくて聞けなかった。私は小学校をまともに出ていないので、学問のある人たちにたくさん聞くことができて、よい知恵をいただけた。私はついていた」と言い続けました。

十五歳のとき、大阪の埋め立て地にあったセメント会社へアルバイトに通い、そこまでは船で通勤していました。

夏に、帰りの船で船べりに腰をかけていると、その船べりを歩いてきた人が、ちょうど松下さんのところで足を滑らせました。その人が肩にしがみつき、ふたりとも海に落ちてしまいます。船長がすぐ気づいて、ふたりとも助けられました。まさに不運と言うほかないような状況です。

そのとき、松下さんは、「私は運が強かった。あれがもし冬だったら死んでいた。夏の夕方ですごくついていた。運が強かった」と、言ったそうです。松下さんは、運が悪いことでも、自分が「運が強い」と思うことによって、運が強い方向に変換されるみたいだと言っています。だから、ありとあらゆることを「運が強い」と捉えていました。

どうも松下幸之助さんの話を聞いていると、運が強い弱いということは宇宙にはないように思える。

現象は心の受け止め方だけで、現象は性格づけされていないということになります。**宇宙には幸も不幸も存在しない。そう思う心があるだけで、現象はすべてがゼロでニュートラルです。**

そして松下幸之助さんは、神様から滅茶苦茶にポイントを目の前に準備されていました。それをことごとく「私は運が強かった」と言うことで、ものすごいポイントになったようです。

何か現象が起きたとき、現象について論評や評価をしたくなりますが、それでは感情が勝手にプラスとかマイナスを決めてしまいます。現象は常にゼロであって、それに対して自分の感情があるだけです。

思いがないと、た行「たんたん」と、な行「ニコニコ」と、は行「ひょうひょう」と、ま行「もくもく」と生きていくことができます。

目の前に起きる現象について、**不平不満・愚痴・泣き言・悪口・文句を言わないことを第一段階とします。**この段階では、プラスマイナスゼロ。

病気・事故を含めて、災難・トラブルなどの**すべての現象に対して、嬉しい、楽しい、幸せ、愛してる、ついてると言えるように変わると、第二段階。**そして「感謝」できるようになると、さらにポイントが増すようです。

たとえば、一千人中九百人が「辛いですよね」と言ってくれる現象があるとします。それを、マイナス九百ポイントの現象とすると、受け入れることができたら第二段階で九百ポイント獲得、受け入れて「感謝」ができると、倍の千八百ポイント獲得できる。

**目の前に、辛い、悲しいと一般的に言われていることがたくさん展開している人は、神**

**様からとても恵みをいただいている人なのかもしれません。**

聖書の中にこんな言葉があります。

——病める者は幸いである。貧しき者は幸いである。弱き者は幸いである。天国は彼らのものである——

マイナスと思われるような現象があればあるほど、実はポイントゲッターとして神様に選ばれているということではないでしょうか。

理不尽

# 神様からの「合格」のメッセージ

こちらの側に落ち度がないのに、一方的に酷《ひど》いことを言われた、されたことを、「理不尽」と言います。

**だんだんと理不尽度が増していき、それでもああじゃこうじゃと言わずにいると、神様は「合格」と判を押してくれます。**

理不尽度一〇で文句を言わずにいると、理不尽度二〇の現象が起きます。だんだんと増していって、最後は理不尽度一〇〇パーセントの現象が起こります。

ある人が、五千坪の敷地の中に、百坪の建物の一室を借りて、キャンドル体験工房をしていました。

もともとその場所では、大家さんが観光協会から建物を借りて喫茶室を経営していたのですが、喫茶室だけでは広すぎるということで一角をまた貸しして、そこで体験工房をやっていました。

キャンドル体験工房は繁盛していて、そのお客さんが隣の喫茶室にも流れていたので、それなりに喜ばれているとキャンドル工房の経営者は思っていたそうです。

しかし、ある日突然、大家さんから呼び出され「明日出て行ってほしい」と言われました。お客さんがたくさん入っていたので、もっと家賃を上げたいと思ったのかもしれません。

普通だと、「家賃を多く払うのでなんとかしてほしい」という話にもなりますが、たまたまその経営者の方は、私の「理不尽度が増す」という話を聞いていました。

それまでにも、理不尽度の高いことがどんどん来ていたそうです。そのときに文句を言わずに受け入れていると、より好転していくという事実が積み重なっていたので、今回も一言も文句を言わずに受け入れました。そして明日には出て行かなければと思いながら、家に帰ったそうです。

その翌日、観光協会から電話があり、大家さんがタンを喉に詰まらせて亡くなったという報告を受けました。その後、葬儀などが落ち着いてから、観光協会より「五千坪の敷地全部をあなたが好きに使ってください」と頼まれたそうです。

五戒（不平不満・愚痴・泣き言・悪口・文句）を言っているあいだは、理不尽なことは起こりません。人格が向上していくと、理不尽なことが起きるようになっています。

**理不尽度が高まってきたら、神様に見込まれたということ。自分が成長しているという証明になります。**

最後の理不尽度一〇〇パーセントの現象のときも五戒を言わずに受け入れていくと、神様から合格の判をいただけて、人生が楽に楽しくなっていきます。

甘えてみる

# 甘えられる自分、甘えられる人

毎年ゴールデンウィークに、大分県久住《くじゅう》高原にある赤川《あかがわ》温泉で、「合宿」と称して皆が泊まり込んでお話をする会を開いています。

ある北海道のご夫婦が、赤川温泉に向かうため大分空港に降り、そこからは由布院《ゆふいん》行きのバスに乗りました。

とりあえず、久住高原に近づくため由布院に着いたものの、そこから公共交通が何もありません。そこから先は、タクシーに乗り一万数千円をかけて赤川温泉に到着しました。

その日の夜、私はこういう提案をしました。

「いちばん初めに自分の力で何ができるかではなく、優先順位として、いちばん初めに甘えることにしてはどうでしょう」

その言葉を聞いたご夫妻は、これまでは自分の力で全部解決するようにという教育を受けてきたので、ものすごくショックを受けたそうです。

そのご夫婦の友人である主催者を含め、大分県から来ていた車が何台もあったので、連絡を取れば、タクシーに乗らずにすんだかもしれません。


**人生の中で最優先に考えることを、「甘えること」にしてみる。自分の力でやっていくのは、三番目か四番目にしてみてはどうでしょう。**


甘えられるのは、それだけでありがたいことです。甘えられるだけ甘えて、心の底から「ありがとう」と言うことができたら、本当によいコミュニケーションができます。

テレビ脚本家の倉本聰《くらもとそう》さんは、あるテレビ局のディレクターと口論になり、「東京で仕事をできなくしてやる」と宣告をされました。

脚本家としては生きていけないという失意の思いで、北海道富良野《ふらの》市の麓郷《ろくごう》に移住することになります。

それは秋口のことでした。どうやったら厳しい冬を越せるのか、いくら調べても解らなかったので、村人に聞くことにしたそうです。お風呂もなかったので、まず風呂をどうするのかを村人に相談したところ、「それならば、風呂ができるまで家に入りに来ればいい」

と言われました。

そのとき、倉本さんは「そんなことはできません」とは言わずに、自分には、できないこと、知らないことばかりなので、村人に甘えられるだけ甘えようと思ったそうです。村人と溶け合ってコミュニケーションが図れたのは、甘えるところから始まったからです。甘えているうちに、冬の過ごし方、乗り越え方という情報を、次から次へと教えてもらったそうです。聞くに当たっては、自己主張せず「そうですか」と膨大な量を書きとめ、それが『北の国から』というテレビ番組に繋がっていきました。

甘えられる人は、人を甘えさせることができ、甘えられない人は、人をも甘えさせることができません。

自分に厳しい人は人にも厳しく、人に厳しい人は自分にも厳しい。自分に甘くなると、約束をした時間に五分くらい遅れることがあるかもしれません。そうすると、ほかの人が十分二十分遅れても、何も文句を言えなくなります。いままで自分に厳しくしていた人は、必ず人に対しても、ものすごく厳しかったはず。

**人に対してやさしく、寛大寛容でありたいという人が、いちばん初めにやるべきことは、「自分に甘くなること＝甘えられる自分を作ること」。そして、甘えられる人を作ることが**

重要です。

甘えて甘え合って、許して許し合う友人がたくさんいると、人生をより潤わせてくれるようです。

人生の後半に必要なもの

# 人生とは「よき仲間を得る」こと

お釈迦様の十大弟子のひとりで、多聞第一尊者《たもんだいいちそんじゃ》といわれているアーナンダは、二十歳のときから二十五年間、お釈迦様のかばん持ちとして歩むことになりました。

十年以上経ったある日、アーナンダはお釈迦様に向かってこのようなことを言いました。

「お師匠様、頭の中にふと、ある概念が宿りました」

「それはどんな概念か」

「私たちは、よき仲間を得るということは、聖なる道の半ばまで来たと思ってもいいのではないでしょうか」

聖なる道というのは、心に曇りや苦しみがなくなり、いつも明るく穏やかに生きていけることです。

それを聞いたお釈迦様は、このように言いました。

「アーナンダよ。**よき仲間を得るということは、聖なる道の半ばではない。聖なる道のすべてである。**よき仲間を得るということは、闇の中で迷ったときに、手を引いてくれる友人がいる。闇を照らしてくれる友人がいる。それをよき仲間と言う」

私たちは、暗闇の中を灯火《ともしび》なくして歩くことはできません。よき友は灯火になってくれ、苦しいときにはその思いを聞き励ますとともに、解決方法を教えてくれる。そして、喜んだときは、共に喜びを分かち合ってくれます。

七十歳まで生きる人は、人生の折り返し地点が三十五歳。八十歳まで生きる人は、四十歳となります。

人生を旅行にたとえるとします。折り返し地点を過ぎた人、つまり、**人生の半分を越えたかなと思える人は、「どこに行くかではなく、誰と行くか」「何を食べるかではなく、誰と食べるか」「何を歌うかではなく、誰と歌うか」というように、切り替えてみてはいかがでしょう。**

どんなに楽しいところへ出かけても、友人と愚痴を言い合い、喧嘩《けんか》をするような旅では、とてもつまらないものになります。

人生の後半は、ものではなくて「人」。

人生の前半は、自分の好みのまま生きていてもいいかもしれません。

しかし、「本当の幸せを手に入れたい」と思うのならば、後半生は、自分の志向性や方向性を考える必要があります。

いつも「よき友と」ということを考えていくと、人生の捉え方、見え方が違ってくる。

よい友人が手に入ったら、これからの人生がとても楽しいものになっていきます。

**よき友とは、同じ方向性、同じ価値観を持っている人のこと。比べる・競う・争う・闘う・抜きん出ることを目的とするのではなく、仲間として、お互いに支え合い、助け合い、喜ばれるように生きようと志している仲間です。**よき友が見つかったら、その友人は、これからの人生の「宝」になります。

一般的には、十年にひとり、同じ方向性を向いている友人が見つかると言われていますが、私の周りには、たくさんのよき仲間が集まってくださっています。

隣の人と心が通い合った状態で、同じ話に笑い、同じ話に共鳴できることが、何よりの幸せです。お互いに笑いながら「ありがとう」と言い合えるよき友人を得た人は、「人《ひと》財《ざい》産《さん》」（２１７ページ参照）に囲まれて、毎日が楽しくなるのではないでしょうか。

天国と地獄

# よき仲間に囲まれるだけで天国

恨み、憎しみが継続状態にある度合いを「地獄度」と呼ぶことにしましょう。

あらゆることが気に入らず、憎しみや恨みを持っている人で天国度がマイナス一〇パーセントの人、これを地獄度一〇と言います。地獄度一〇〇パーセントとは、人を「憎む」「恨む」という状況をさらに突き抜けて、周りに人がいなくなるという状態です。

どこにも友人がいなくて話し相手もいない、解決方法も解らなくて、ひとりでい続ける。「地獄」のいちばん奥にある、最も悲しくて辛い状態が孤独地獄です。

地獄には、炎熱地獄、焦熱地獄もありますが、そこには話し相手がいてくれるので、まだ救われるそうです。

地獄度一〇〇パーセントに対して、百八十度違う天国度一〇〇パーセントを見ると、どういうところか解るかと思います。

**天国度一〇〇パーセントとは、よき友がいる、よき仲間に囲まれているということ。**

よき仲間とは、同じ方向を向いていて、同じ価値観で生きている人。同じ話題を、同じように笑顔で話せる人のこと。よき仲間に囲まれているだけで、天国なのです。それも、天国度一〇〇パーセント。

成功哲学や自己啓発とは違います。達成目標、努力目標は自分だけの問題です。もしかすると、よい仲間がいないので寂しいから「成功」を目指しているのかもしれません。

**よい仲間を持っている人は、嬉しい、楽しい、幸せ、愛してる、大好き、ありがとう、ついてるという喜びの言葉を口にして、自分がいかに恵まれているかと思える仲間にたくさん囲まれています。**

神様に
好かれる人

# 断るのは傲慢、受け入れるのは謙虚

神様がいちばん好きな概念を「謙虚」と言います。反対に、いちばん嫌いな概念は「おごり高ぶり」「うぬぼれ」「傲慢」です。

ある人が私の話を聞いて、何年間か実践したところ、お金も潤沢に入り、事業もうまくいき、周りに人が集まってきて、とても順調になりました。そして、豪華な事務所を借りて、事業を運営し始めました。そうしたら、ものすごく偉そうな人になってしまったのです。

それまでは、私の話を聞いて実践していたのですが、たまたまいろんな関係で頼みごとをしたときに、すべて断られました。その人はお金が入ってきたらものすごく偉ぶり、横柄になり、威張って怒鳴り散らしていました。その三、四年後、すべての事業に失敗して、生活費もままならないような状況になったようです。

お金が入ってきたらとても偉そうになって、一〇〇パーセントすべての人から嫌われるような人格になってしまった。まるでドラマを演じているかのようです。

その結果、ドーンと叩《たた》き落とされ、普通の状態よりもさらに困窮状態になったところで、私の前に現れました。そのときの彼の物腰は、お金儲《もう》けをする前の、誰からも好かれる穏やかな人格に変わっていました。

お金がないときは、一〇〇パーセントの人から好かれ、お金が入ると一〇〇パーセントの人から嫌われるような人格。

上から見下ろしている神様は、どう思うでしょうか。

神様は、おごり高ぶり・うぬぼれ・傲慢を、いちばん嫌います。お金を渡したことによって人格が変わるなら、「この人にお金をあげると横柄になるなら、お金をあげないことにしよう」と決めてしまうでしょう。

そして、何をやってもお金が入ってこないようになり、その結果として元の謙虚で皆から好かれる人格に戻りました。**いまの謙虚な状態が続くとお金が降ってきます**が、これから先、傲慢になるようなことがあれば、二度と神様からお金はいただけないでしょう。

皆さんは、ボランティアという形で、奉仕活動をすることがあるかもしれません。そのとき稀《まれ》に、交通費などをもらうことがあります。そのときに、「ボランティアなので要りません」と断るのは、おごり高ぶりになります。反対と思う方がいるかもしれません。

実は、**頭を下げて受け取るのが謙虚です**。提示を受けたのにもかかわらず、受け取らないとがんばり続けるのを、おごり高ぶり・うぬぼれ・傲慢と言います。

「私はこのお金を受け取るわけにはいきません」と断るのは、自分のお金だと思っているからです。

私たちの目の前に提示されたお金は、私を通り過ぎて世の中に流通していくものなので、貯《た》めるのではなく、ただ通り過ぎていくだけ。これを通貨（通過）と呼びます。

**自分はただお預かりをして、できればお金に困っている人に使ってあげる**。流行る店の二〜三軒隣にある、たそがれている店に使ってあげると、お金に入っている魂が喜び、お金が集まってくるようです。

# 第4章

# 光で周りを照らす生き方

## ——温かく投げかける

喜ばれる
ために

# お金をかけず、体で示す

喜ばれるように生きるうえで、重要なポイントがあります。

たとえば、喫茶店をしている人がお客様に喜んでもらおうと考えたとき、初めに新しいメニューを考えたり、きれいな壁紙、座りやすいイスに替えたりするかもしれません。

しかし、**投げかけるものの優先順位としていちばん重要なのは、「お金をかけない」ということです。温かい笑顔で迎えたり、やさしく接したりする、居心地のいいようにきれいに掃除をすることが、人間関係において、いちばん喜ばれます。**その人の態度、生き方、笑顔がとても重要なのです。

それをやらずに、お金をかけて建物を建て替えたり、調度品などを替えたりして喜ばれようとしても、お客様は遠ざかってしまいます。

笑顔、やさしさ、温かな応対など、まずお金をかけないでできることをやっていく。それがある程度できるようになったら、お金をかけて替えていくのがよいかもしれません。

お釈迦様の教えに、「無財《むざい》の七施《しちせ》」というものがあります。これは、財産がなくてもすべての人ができるものです。

◎やさしいまなざし（眼施《げんせ》）「目」
◎思いやりのある言葉（言辞施《ごんじせ》）「口」
◎温かい笑顔（顔施《げんせ》）「顔」
◎感謝の心で人に接する（心施《しんせ》）「心」
◎手足を使い人のために汗を流す（身施《しんせ》）「手足」
◎席や場所を譲る（床座施《しょうざせ》）「尻」
◎一夜の宿を提供する（房舎施《ぼうしゃせ》）「背中」

このように、**お金をかけず体で示せる行為がいちばん喜ばれます。**お金やものを使って喜ばれるのは、第二、第三の順位です。

酸素、空気、水のように、生きていくうえで必要なものはすべて無料です。人生の中になくてはならないもの、重要なものほど、お金を使うものではありません。

ひとりごと

# 「私はついてる」で、すべてが味方

天井を見ながら「はぁー、私は本当についている人生を与えられた。こんなについてる人間は、世の中にいないんじゃないか」と言った瞬間、それを聞いた家族は、「幸せで、ついてる人生に付き合ってきたのよね。その幸せな人生の一部を担ってきたのよね」と潜在意識の中で働きかけを受けます。**その言葉を聞くことで、楽しくなり、元気になるので、この人の傍《そば》にいたいと思うようになります。**

今度は、天井を見て「はぁー」とため息をつき、「私の人生、何もいいことがなくて最悪」と言ったとします。妻と子どもに直接面と向かって言ったわけではありません。しかし、そう言った瞬間、間接的に「あなたたちのせいで私の人生が最悪だった」と言っていることになります。この言葉を聞いた瞬間、家族は、細胞が萎縮して、この人の言葉を聞きたくないと思うのではないでしょうか。

家族は「はぁー」のあとに必ず「愚痴」や「泣き言」が耳に入ってくると、体の細胞がしゅんとして、体が重くなることが無意識で解るので、何度も繰り返すうちに、「はぁー」と言われた瞬間、部屋からそそくさと出て行くようになります。五回目には、聞きたくないので、この人の顔を見ると、遠ざかるようになってしまう。

それは家族だけではなく、友人、知人も一緒です。

友人を目の前にしながら、喫茶店で「私の人生、本当に不運でつまらない」と言ったとします。すると、友人はこれまで付き合ってきた十五年がつまらない人生だったんだと思い、その言葉を聞いた瞬間に、細胞がしゅんとして、体が重くなり、次に誘われても会いたくなくなってしまいます。そして、友人がどんどん離れていくでしょう。

このように、口から出る言葉が、辛い、悲しいなどと言っている人には、明るく楽しい友人がいなくなってしまい、愚痴や泣き言を言う仲間だけが残っていきます。この暗い仲間が集まって、世界や政治の暗い話で盛り上がっていくのです。

友人と喫茶店にいるときも「**今日も本当に幸せ。私はどこに行ってもついている**」と**言った瞬間に、間接的に、ついてる人生の一部を友人が担っていると言ったことになり、**

**友人も嬉しくなって、体も元気になります。**友人がその言葉を四回、五回聞いていると嬉しくなるので、誘われたときにまた会いたくなります。

嬉しい・楽しい・ついてると口にしている人は、目の前にいる家族や友人を感謝の対象にしていると同時に、その言葉を聞いた神様、宇宙、地球も味方になるようです。

「すみません」より「ありがとう」

# その場を冷やす言葉、温める言葉

「何かをしてもらったとき、『すみません』と言っていますが、『ありがとう』のほうがいいのでしょうか」と質問された方がいらっしゃいました。

以前、二泊三日で岐阜県の金華山《きんかざん》に旅行へ行ったときのこと。そこで、記念写真を撮ろうということになりました。集合するまで時間がかかるようでしたので、近くを見学し、しばらくしてから戻りました。

すると、私がなかなか来なかったせいか、みんなはシーンと静まり返っていました。

あとから聞くと、主催者の方は、私がどういう言葉を言うのか、ハラハラして見ていたそうです。

私は皆さんの前に立って、こう言いました。

**「皆さん、待っていてくださってありがとう」**

そう言うと、皆さんが笑って、一気に空気が和んだのが解りました。

主催者の方は「皆さんお待たせしてすみません」と謝ると思っていたそうですが、「ありがとう」という一言で、その場が和んだことにとても驚いていました。

「ごめんなさい」「すみません」という謝る言葉は、どうも空気を冷やしてしまうようです。

それに対して**「ありがとう」は、その場を温める作用があり、お互いに笑顔が生まれ、ほっと和んでいきます。**

感謝、笑顔を投げかけると、相手が元気になるだけでなく、自分も元気になります。

自分の口から出る言葉を、常に温める言葉にしてみてはどうでしょう。

聖なる予言・悪しき予言

# 心地のよい予言だけを信じる

超能力者、霊能者、霊媒師のような人は、ある日突然に天からポンと啓示を受けることがあります。こういう方は、普通の人の百倍くらい、苦労する人生のようです。

**天の啓示を自分の体で実践しているうちは、正しいメッセージが届きます**が、実践をせずに、ただメッセンジャーとして伝え始めると、魑魅魍魎《ちみもうりょう》のところからメッセージが届くようになる。その結果、変な予言を始めます。

悪しき予言をする人の話は、信じる必要はありません。

仮に、ある予言者が「大地震が起きて百万人の人が死ぬぞ」「こういう名前だと、一生芽が出ない」など、自分が聞いて楽しくないような予言をしたとします。こういう楽しくないような予言を言った瞬間、悪しき予言をした人は、自分の信用のために必ずその予言が起きてほしいと心の底で念じ始めるようになります。本人はこのことに、まったく気がついていません。

悪しき予言を言った瞬間に、悪魔に魂を売った（悪魔に魂を乗っ取られた）ことになります。一般的に言われているような、角の生えている悪魔が存在しているわけではありません。悪魔とは、人の不幸や悲劇を願い、それを望む心なのです。

聞いて楽しくない予言を言っている人は、悪魔の側にいて正しい情報、聖なる情報が入ってこないので、それを聞く必要はありません。

ある大物歌手が、「今年は厄年なので、お祓《はら》いを受けたほうがよい」と言われていました。本人は、あまり気にしていなかったようですが、周りの人に薦められ、お祓いに行くことにしたそうです。忙しい中、ちょうどスケジュールが空いたため、急遽《きゅうきょ》、近くの神社にお祓いに行くことになりました。向かっている途中に、横断歩道を渡っていたところ、車にはねられ、全治二ヵ月の骨折をしてしまいました。

もし、お祓いを受けることがなかったら、車にはねられることはなかったでしょう。

自分にとって「楽しくない予言」を信じ、回避行動を取ると、悪魔の側に傾いたとみなされ、信じてしまったことになります。

そうすると、悪魔の力が働き、楽しくない状態が起こってくる。

反対に、**自分が心地よくて幸せに思うような予言を聞いたら、それが本当でも、一〇〇パーセントウソのように思えたとしても、信じたほうがいい。**

聖なる側にいる人は、聞いていて、楽しくて心地よい予言しかしません。

「今日も顔色がよくて元気そう」「前回お会いしたときよりもまた素敵になっていますね。次回、お会いするときには、もっと若々しく、きれいに、素敵になっていますね」と言ったとしましょう。自分で言ってしまった以上は、自分の信用のために、無意識の中で一所懸命念じるようになります。

**聞いていて、心地のよい予言をする人は本物です。**今日から、聖なる側の予言者になってみてはいかがでしょうか。

良寛和尚の「愛語」

# 相手を変えず、愛語だけを与える

新潟県の出雲崎《いずもざき》に、良寛和尚《りょうかんおしょう》という方がいました。良寛和尚は、越後に生まれ、円通寺《えんつうじ》（岡山県倉敷市《くらしきし》）などで修行をし、生地へ戻ってのどかに暮らした僧侶です。

良寛さんは、常に人に対して贈り物をあげたいという人でした。五合庵《ごごうあん》と呼ばれている山の中の一軒家に住んでいて、夏になると、蚊が動物の血を吸うことができないのを不憫《ふびん》に思い、自分の血を吸ってもらおうと、両手両足を蚊帳の外に出しながら寝ているような心やさしい人でした。

良寛さんは、「和顔愛語《わがんあいご》」をモットーにして生きていました。和顔とは、穏やかで和やかな顔を言います。そして、愛語は「言葉を愛する」ということ。自分の口から出てくる言葉は、全部「人に対する温かい贈り物でありたい」「人を安らげるものでありたい」「励まし、力づけるものでありたい」と常に思っている方でした。

ある日、良寛さんは川を渡ろうとして船頭さんに頼みました。この船頭は皆に嫌われるような人で、良寛さんが皆から好かれているのを妬んでいたそうです。もしひとりで乗ることがあったら、泳げない良寛さんを落としてやろうと思っていました。

ちょうどその日は良寛和尚ひとりだったので、船を揺らして落とし、死にそうになったところで、助けあげたのです。

良寛さんは落ち着いてからすぐに、その船頭に向かい「あなたは命の恩人です。助けてくださってありがとう」と涙を流しながら手を合わせました。

そのとき船頭は、どうしてこんないい人にいやがらせをしてしまったのかと、心から後悔したそうです。そしてその夜、謝りに行ったという逸話が残されています。

この一件の当事者は、良寛さんと船頭のふたりしかいません。どちらが村人に話したのか。船頭が反省をして、「喜ばれる存在」になっていなければ、この逸話が残ることはなかったでしょう。

良寛さんは、落とされたとき、船頭に向かって「なんて酷いことをするんだ」と言うこともできたはず。しかし、そのときでさえ、助けてくれたことに感謝する言葉しか出なかったのです。

恨み言葉が返ってくると思っていたところに、「ありがとう」という喜びと感謝の言葉が返ってきたとき、初めて船頭は反省をし、そこから真人間になりました。

これまで嫌われてきた人間を、一瞬にして変えることができたのはなぜ？

それは、**相手を変えようとしたからでなく、「愛語」の実践をしただけだから。**

良寛さんは、どんなときでも五戒（不平不満・愚痴・泣き言・悪口・文句）を言わないように生きてきました。どんなときも人に喜ばれるような言葉しか発しないように決めてしまうと、その贈り物に心を満たされていく人がどんどん増えていきます。

そして、「言葉は無尽蔵にある。たくさんの人に使っても使い切ることはない」と言っています。亡くなるとき、村人から「形見の品をください」と頼まれましたが、自分のものは、ひとり分の蚊帳しかありません。

**「私は、財産もものも何も持っていない人間である。ただ、私には、無尽蔵に人に対して贈り物をすることができる。それは言葉だ」**と言い、辞世の句を詠みました。

形見とて　何か残さむ　春は花　夏ホトトギス　秋はもみじ葉

（形見として、何か残そうと思う。春に桜が咲いたら、私の形見だと思ってください。夏は美しい啼《な》き声のホトトギス、秋はもみじ葉を見たら、私の形見です）

このように、良寛和尚は最後の最後までずっと、〝贈り物〟という概念を忘れませんでした。

私も良寛和尚の句に非常に刺激を受け、形見の歌を残しておこうと思います。

我が形見　高き青空　掃いた雲　星の夜空に　日に月に

（高い青空、掃いた雲、きれいな星の夜空と、太陽と月が出ていたら、私の形見です）

常に自分の口から出てくる言葉が、喜ばれる言葉であり、「嬉しい」「楽しい」と言い、人を温め、励まし、勇気づける言葉にしていく。すると、周りの人から「明るい人」「楽しい人」と思われて、たくさんのよき仲間に囲まれていくことでしょう。

# 第5章

# みんなに喜ばれる生き方

## ――受け入れる、味方につける

自分探し

# 目の前のことを淡々とやっていく

よく、こういう質問をされることがあります。

「長いこと、自分探しをしてきました。本当の自分がどこにいるのか教えてください」

**いまのあなたが本当の姿なので、それ以外のあなたがいるわけではありません。**本当の自分を探している人は、いまの自分を否定していることになります。

「こんなはずはない」「私はこんな程度のサラリーマンではない」「こんな程度のＯＬではない」「一生主婦で終わるわけがない」「私はもっとすごい人間で、ものすごい役割や使命を担っているはず」

このように、すごい役割を持っていると思い、探していることが、自分探しと思っているのではないでしょうか。いまサラリーマンやＯＬ、主婦をやっている姿が本当の自分です。

自分探しをしている人は、いま自分がやっていることを九〇パーセント否定しています。いまやっていることが本物ではないと思っているので、本気になって取り組んでいません。ですから、何をやっても中途半端なので、本当の自分に出会えない。

いまやっていることが、全部シナリオ通りです。本当の自分を探していてもよいのですが、いくら探しても見つからないでしょう。

**いま、目の前にあるあるべきことを、一つひとつ淡々とやっていくこと。一所懸命やらなくてもいいし、必死にならなくてもいい。ただ、淡々と力を入れずにこなしていく。**

必死にならないほうがいいです。もし会社勤めの人が、上司から「なんで必死にならないんだ」と言われたら、口答えをしてください。

「必死になっていたら死んでます。課長だって死んでないじゃないですか。必死は必ず死ぬんですよ……」

自分がやるはめになったことを淡々とやりながら、愚痴や文句を言わずにいると、神様が与えてくださっていることを否定していないことになります。

自分で何かやろうと決意しているうちは、何も流れてきません。**いまの自分を認めて、人格が少しずつ上がってくると、神や仏から応援、支援をいただけるようになります。**自分が何かしようと決意する必要はなく、ただ淡々とこなしていくことが重要です。

迷える子羊

# 「五〇対五〇」はどちらを選んでもいい

ヨーロッパのある牧場に、子羊が迷い込みました。小屋で発見されたときには、すでに餓死していたそうです。しかし、その小屋の中には、羊が好んで食べる草が少量と、あまり好まない草が大量に置いてありました。

足跡を見ると、美味しそうだと思う草に二、三歩近づき、また反対の草に行くということを何十回も繰り返していたそうです。もし、どちらかを食べていたら、餓死しないですんだことでしょう。

ある人から、Aさんと Bさんのふたりにプロポーズされ、どちらにするか困っているという相談を受けました。

「五〇対五〇なら、コインを投げて決めてみてはどうでしょう」

そう言ったところ、このような答えが返ってきました。

「コインを投げてAさんに決まるのはいいけど、Bさんはイヤ」

すぐに、答えが出たようです。ふたつを比べ、六〇対四〇なら六〇、五一対四九なら五一というように、割合の多いほうを選べば問題はありません。

悩んで答えが出ないのは、五〇対五〇と思っているためかもしれません。**五〇対五〇の場合、同じ重さですから、どちらを選んでもいいのです。この時点で、悩みが解消したことになります。**

迷ったときは、どちらに風が吹いているか、川が流れているかを宇宙にお任せしてみてはどうでしょう。やるはめになったことに従っていくと、人生が楽しく展開していくようです。

「今」を生きる

# 「今の心」＝「念」を入れる

夜に寝て、朝目が覚めたらいつでしょう。それは「今日」です。今日寝て起きたら「明日」と勘違いしている方がいますが、いま目の前に存在しているのが、「今日」の「今」という、この瞬間です。**私たちは「今」という瞬間を生きています。過去に生きていることもなく、未来に生きていることもありません。「今日」の「今」この瞬間だけが大切です。**

たとえば、ゴルフをしている人の場合、さっきまでのスコアを考えていて、次にはいくら取らないといけない、さっきはこうすればよかったなど、いろいろ考えながら打つことがあります。

比率で言うと、過去のことを考えているのが九五パーセント、未来のことを考えているのが四パーセント、この球を正確に打つことには、一パーセントしかエネルギーを使っていません。過去や未来にエネルギーを使ってしまうと、正確に打つことができません。今できることは、過去のことでもなく、未来のことでもない。今、目の前にある球をいかに正確に打つかということに集中するだけです。

「念」という文字を分解すると「今の心」と書きます。

念ずれば叶うという話がありますが、「念」の結果として自分の思い通りになるという概念は宇宙には存在しません。

「念」とは「今」を大事にする「心」。未来とは関係ありません。今、目の前にある人、物、事を大事にするのが、「念」を入れて生きることになり、「今」を生きるということなのです。

桜

# 頼まれごとだけをして生きていく

作詞家のなかにし礼《れい》さんが、『恋のハレルヤ』という曲の中に、このような歌詞を書いています。

ハレルヤ　花が散っても
ハレルヤ　風のせいじゃない

桜の季節になると、天気予報でこのような話をすることがあります。
「桜の花が満開で見ごろになっています。しかし、今晩から雨が降り、散ってしまうかもしれません」

このことから、桜が散るのは雨や風のせいと思い込んでいるかもしれませんが、雨が降ったり、風が吹いたりしなかったら、この桜は散らなかったのでしょうか。

**桜は、風が吹こうが、雨が降ろうが関係なく、必ず自分の意思で散っています。**

散る桜　残る桜も　散る桜

これは、良寛和尚が残した句です。

良寛和尚となかにし礼さんが到達した結論は、桜が自分の意思で散っているということ。桜の花が夏まで咲いていることはありません。風や雨がなくとも、自分の意思で散ります。それがいつかを桜が決めているだけ。

病気に立ち向かって克服をしたら長生きする、立ち向かわなければ早死にをすると西洋医学で教えられています。しかし、治療をすること、しないこと、死ぬことさえも、すべてが生まれる前に自分が書いてきたシナリオ通りらしいのです。

人間の一生は、自分で決めているようですが、実は生まれる前に決まっているようなのです。

そうすると、**生きることに力を入れなくてもいいということに気がつきます。お任せを**

**して、委ねて生きていくと、それだけで面白そうです。**

達成目標、努力目標を立て、そこに向かっていく人は、目標が見えています。二、三年後、努力した結果として、その状態になるかもしれないし、ならないときはイライラするかもしれません。到達目標に向かっているというのは、その状態しか認めていないということ。

**一切の目標設定をせず、頼まれごとだけをして生きていくと、二、三年後、自分がどこに連れていかれるか解りません。そのほうがより人生を楽しめるのではないでしょうか。**

宇宙を味方につける

# 鉱物、植物、動物すべてを大事にする

地球は、宇宙の中のチリやガスなど、宇宙に存在している物質からできました。そして、地球の中にある物質がある比率によって集められた結果として、人間や他の動物、植物、鉱物となりました。

地球の中の物質をどう組み合わせたかの違いであって、地球の中の元素を組み合わせたという点で見ると、人、植物、動物、鉱物の組成構造物質にはなんの違いもなく、すべて兄弟になります。

**人間に対して「ありがとう」という感謝の念を投げかけると、「こちらこそありがとう」と言ってくれる人がいます。**同じように植物や鉱物に言うと「私のほうこそありがとう」と思っている植物がいます。動かないので意思がないように思えるかもしれませんが、同じものです。同じ生物、同じ共通の言語がないから解らないだけなのです。

あるとき、ラジオをつけると、盆栽の名人と呼ばれている方が出ていました。当時六十五歳、十五歳のときから盆栽に興味を持ち始めたそうです。これまでに盆栽の大会で、すでに何十回と優勝している方でした。

その方がインタビューに対して、「植物と五十年接してきて、三つのことが解った」と答えています。

①植物は、人間が好きで好きでしょうがなく、近づかれると初恋のときのようにワクワク、ドキドキしている。
②植物は、声をかけてもらえると、ものすごく嬉しい。
③植物は、褒められると、天まで昇る心地がして、この人のために死んでもいいと思う。

植物には、早く人間になりたいという魂が入っています。褒めてくれる人がいると、この人のために死んでもいいと思うくらい好きになるようです。

家の中の鉢植えにまったく声をかけずにいると、どんなに元気な状態でも一ヵ月で枯れてしまいます。根腐れして、もう駄目かもしれないという植物を元気にさせるには、声をかけて、称賛をする。そうすると、元気に立ち直るそうです。

サボテンは植物界の中で人間の感情をいちばん理解できると言われています。

以前、高さ一・八メートルのサボテンをいただきました。そのサボテンに対して、顔を合わせるたびに「おはよう」「ただいま」「愛してるよ」という言葉をかけていたところ、声をかけ始めて半年後、体のトゲを全部落としてしまいました。

サボテンは、自分の身を守るためにトゲを持っているのですが、まったく傷をつけないと同時に、敵意も憎しみもなく、「愛してるよ」と言われ続けると、この家にいるあいだはトゲは要らないようだと思うらしい。植物も全部感情があり、喜んだり、落ち込んだりするようです。

私たちは、人間以外は言語を発しないので、コミュニケーションが取れていないと思っていますが、組成構造物質は全部一緒で、意識が入っています。

**目の前にいる鉱物、植物、動物すべてを大事にしていると、すべてが味方になってくれます。**

道具を使っているならば、その道具一つひとつから喜ばれるように、できる限り丁寧に親切に扱って初めて、大事にしていることになります。

台所で、出刃包丁を使っているときに、手が滑って落としてしまうことがあります。刃のほうが重いので、普通なら足の先にズブッと刺さってしまうはず。

ところが、この出刃包丁は、いつもいつも「あなたのおかげで力を入れずに楽に切れます。あなたがよく切れてくださってありがとう」とお礼を言われていたとする。

落ちるに当たって、この人を傷つけるわけにはいかないと、なぜか柄のほうが先に落ちて、足を怪我《けが》しないことがあります。

また、ある健康食品（発酵食品）を作っている会社があり、そこには約百人の従業員が働いています。この会社の社長が、次のようなことを話していました。

菌がうまく発酵せずになぜか機械ばかり止まってしまうという日が、年間幾日かあり、そのときはラインをストップして、全員を集めこのように聞くそうです。

「今日出かけてくるに当たって、夫婦喧嘩をしてきた人はいませんか？」

そうすると、必ず一組か二組、夫婦喧嘩をしてきた人がいるそうです。夫婦喧嘩をした人が製品造りに従事すると、発酵食品がまったく違うものになり、人の健康を祈る食品にならないらしい。

社員に対しては「夫婦喧嘩をしないように」と言っていますが、喧嘩をしてくる人がいると、また機械が止まってしまうそうです。

その結果、会社が倒産するということはなく、喧嘩をしてきた人が、機械を止めることで心が痛み辞めてしまい、結局は動かない日がほとんどなくなるらしい。

**目の前に人がいるなら、その人を大事にして、敬語や温かい言葉を投げかけていくと、人間関係も変わっていくようです。**

ある方からこういう質問を受けました。

「子どもが引きこもっていて、言うことを聞かないのです」

「もしかして、呼ぶときに呼び捨てにしていますか？　あるいは、おまえと言っていませんか？」。そう言うと、たいがいどちらかに当たります。

親子関係が悪い人に対して、このような提案をしました。

「呼び捨てにせず、さん付けで呼んでみてください」

そうすると、「自分の子どもに、さんを付けて呼べるわけがない」という方がいます。

呼べない人は、呼ばなくていいです。子どもに対し、さん付けに切り替えた人は、半年ほど引きこもっていた子どもが部屋から出てきて、「お母さん」と呼んでくれるようになりました。

**相手に対して、自分が投げかけた呼び名が、自分の側に返ってきます。**

私は、旅行作家と、講演会もこなしていますが、どちらも、言葉を扱う仕事です。これまでの人生で、どうも「言葉が喜ぶ使い方」というものがあるように感じました。「そうだよ」という言葉より、「そうなのですよ」というように「です」「ます」で言ったほうが、言葉も喜ぶようです。

日本には、敬語というとても美しい言葉があります。なるべく意識して使うようにすると、言葉が喜んで、味方をしてくれます。

丁寧な言葉を投げかけると、自分も丁寧な言葉に囲まれていき、人間関係もスムーズに流れていきます。私たち人間だけが、特別の存在ではありません。

**宇宙と自分が別物ではなく、自分も宇宙の一部と思ったところから、宇宙が支援をしてくれるようです。**無機物だと思われているものには、全部魂が入っていて、その魂がすべて味方になってくれると、人生がどんどん変わってきます。

すべてを丁寧に扱っていくことを積み重ねていったら、これからどんな人生が来るか、ワクワクしませんか。

コップの魂

# すべては喜ばれるために存在する

ガラスなどの鉱物は、足がないだけで全部人間が発した言葉を聞いています。植物は足がないけれども上半身が動いています。動物は、足があり自分の好きなところへと動いていけます。雲は、上空を風に吹かれて流され、人間になると、乗り物や道具を使って自由に歩き回ることができます。

**鉱物、植物、動物のすべてのものは魂が入っていて、どれほど自由度が増すかということを繰り返して成長し、生まれ変わっています。**

コップは、水を溜《た》めて、人間が水を飲めるようにしているので、ひとつの機能があります。コップの中にも魂が入っていて、喜ばれる存在になって生きるぞと決めて、この世に生まれました。水やお湯を溜めることで役に立っているので、このあいだは「機能している」と言います。機能とは、役割のことです。

自己増殖しないものを「無機物」、自己増殖するものを「有機物」と分けていますが、機能としては分ける必要はなく、**すべてのものは喜ばれるために存在しています。**液体を溜めるという機能を持っているあいだは、喜ばれる存在であって、必ず魂が宿っていますが、粉々に割れて液体を溜められなくなったときに機能を失い、魂が天上界に帰ります。

　そして、次には自由度が増して、植物に生まれてくるようです。

　植物は、木の実を作り動物を生き永らえさせる、二酸化炭素を吸い込んで酸素を吐き出す、防風林としての役割を果たすなど、全部で二十くらいの機能がありそうです。

　動物は、自分の身を投げ出して、相手の動物を生かしています。また、木の実を食べてそのフンの中で種を運ぶなどの機能を含めると、二百くらいはありそうです。

　雲は、雨、曇り、晴れて太陽が射《さ》すなど、二千くらいはあるかもしれません。

　では、私たち人間の機能は、いったいどれくらいあるでしょう。人間の機能は、何が一機能で、何が二機能なのかという数を勘定することができません。

　**人間の機能は喜ばれた数だけ存在するようです。人に対して、何かをしたときにありが**

**とうと言われたら、それが機能のひとつになります。**

相手は人間だけではありません。たとえばコーヒーカップなど、ガチャンと置いてしまったら割れてしまいます。

そうすると、ここに入り込んでいた魂が「この人に持たれたくなかった」と思い、喜ばれなかったということです。

でも、この人が本当に心を込めてそっと置いたときには、「この人に持ってもらってよかった」と思ってもらえます。

人間は、すべてのものから喜ばれた数だけ、無限に機能が存在するらしいのです。

天気の悪口

# 言葉はいつも肯定的にすると「得」

私たちは何気なく、不平不満・愚痴・泣き言・悪口・文句を言っていることがあります。

特に気がついていないのが、朝起きたときに何気なく言っている一言です。

「えー、今日も雨が降っている」「洗濯物が乾かない」と感想を言った瞬間に、天気の悪口になります。

なぜ、すぐに天気の悪口を言ってしまうかというと、自分が生まれたときから、親に刷り込みをされたからです。

親が天気の悪口を言い続けてきた結果として、外の天気を見た瞬間に、必ず天気の問題について論じなくてはいけないと刷り込まれました。

この話を聞いて四十代の主婦の方が、このようにおっしゃいました。

「私は、晴れた日は紫外線対策をしなくちゃと言い、雨の日は洗濯物が乾かない、どうしよう……と口にしていました。と口にしていました。天気の悪口を言わないところから出発するんだということから出発するんだということ……を聞いて、これからは、**晴れの日は洗濯物がよく乾く、雨の日は紫外線対策をしなくていい、**と口にします」

現象は何も変わっていません。天気は悪口を言っても反論してこないので、言いやすいかもしれませんが、神様に対して文句を言っていることになります。同じ天気でも、考え方や捉え方を変えてしまうと、全部が喜びになります。

私たち動物にとって、太陽が出ているときが晴れ。

植物にとって、雨が降っているときが晴れ。

動物は、酸素を吸い込み、二酸化炭素を吐き出しています。植物は、二酸化炭素を吸い込んで、酸素を吐き出している。

動物は太陽が出ると、気持ちが明るくなり元気になるように創られていますが、植物は、雨に当たると活性化するように創られています。神様は、対照的なものとして、動物と植物を創りました。

**自分の口から出てくる言葉を肯定的、喜びの言葉にして、いろんなものに感謝をしてい**

**くように切り替えると、損得勘定の「得」を手に入れることになります。**

天気の悪口をやめたところから、自分の言葉の中に、否定的な言葉が入ってこないことが始まります。

自分の力

# 神様に好かれる言葉

人間は、八時間労働を一として、十六時間働く人で二人分、二十四時間労働する人でも三人分しか働けません。土日休みを返上して働いても五人分が限度でしょう。

人間対アリの関係を考えてみます。人間の身長を百五十センチ、大き目のアリで一・五センチとすると、百倍の違いがあります。

すごく働き者だけれども、周りのアリにトゲトゲしながら、「自分は三人前働いているのに、あなたたちは全然働かないじゃないか」と怒鳴っているアリがいます。その百倍大きな力を持っている人間が、このアリは調和を乱しているよねと思い、このアリをピンセットでつまんで、三メートル先に持っていったとします。

百倍大きな存在から三メートル先まで運ばれたことに、このアリは気がつきません。このアリはとても興奮しながら巣に帰り、「周りの景色が一瞬で変わったんだよ」と話すことでしょう。百倍大きな存在が、全然認識できません。

　私たち人間と神様の大きさの違いは、百倍どころではないようです。人間が考えた数字は、十の六十八乗（無量大数）までです。神様は、十の六十八乗人以上の力を持っているでしょう。

　この神様に気に入られたら、とても楽しい人生になります。ただし、**神様は、ある方程式に沿って生きている人を非常に応援します。その方程式を使いこなす人には、味方についてくれます。**

　神様は、気に入らない人に対して、いやがらせや、復讐《ふくしゅう》をすることはありません。ただ、支援をしないだけ。自分の力ではなんとか五人分の力を出すことはできますが、十の六十八乗人分の力を出すことはできません。

　がんばって五人分働くよりは、神様を味方につけたほうが「得」です。

　神様を使いこなす方法は、**目の前の現象について、不平不満・愚痴・泣き言・悪口・文句を言わないこと。**

　そして、**目の前に起きる現象について、嬉しい、楽しい、幸せ、愛してる、大好き、ありがとう、ついてるという言葉を言い続けると、目の前の人も、神様も、宇宙、地球、す**

べてが味方になってくれます。

親が倒れて五、六年介護をしている人がいます。その人は五、六年介護をしているあいだに功徳《くどく》がたくさん溜まっていきます。ところが、せっかくいままで労力を使って功徳を溜めてきたにもかかわらず、「なんで私がこんなに苦労をしなくちゃいけないのか」と言った瞬間、溜まっていた功徳がチーンと音を立ててゼロになってしまいます。

一般的にいうと、大変なことをやらされているときには、神様がその人を見込んで、その人にポイントをあげているときなのです。

愚痴などを言った瞬間にゼロになってしまうのは、あまりにも辛いものなので、神様と約束をしました。それは、愚痴を言ってしまった十秒以内に「ナシ、ナシ」と言うと、大丈夫という取り決めです。

愚痴などを言わないようにするには時間が必要ですが、**愚痴を言ったことに気がついたら九九パーセント解決したことになります。どうも、「気がつくこと」が重要なようです。**

私たちは自分の力で生きていると思いがちですが、自分の力はないに等しく、神様（目に見えない存在）に支えられて生きているのではないでしょうか。

## 努力しても がんばっても

# がんばりより先に「周囲への感謝」

皆さんは、不平不満・愚痴・泣き言・悪口・文句が、大したものではないと思っているかもしれません。実は、この否定的な言葉がどれほど影響を与えているか、考えたほうがよいかもしれないのです。

ある喫茶店に、地球さん、宇宙さんがいるとします。

その方たちに向かって、「あなた方がやってくださることが、気に入らなくてしょうがないのです」と言ったとしましょう。

そう言われた瞬間に、ふたりはガタッと席を立って、「解りました。あなたにはなるべくかかわらないようにします。あなたは自分の努力やがんばりで生きていってください」と言い残し、にこやかに扉を開け、立ち去っていきます。

私たちが何気なく宇宙に向かって、不平不満・愚痴・泣き言・悪口・文句を言った瞬間に、自分に対してやってくださっているあなた方のことが気に入らないと、宣戦布告をしたことになってしまいます。

反対に、「地球さん、宇宙さん、あなた方が私にやってくださることが、ありがたくてありがたくてしょうがない。おかげ様でいつも楽しい日々が送れ、感謝しています。ありがとうございます」と言ったとしましょう。

それを聞いたふたりは、ニコッと笑いながら「そうですか。解ってしまいましたか。なるべく気づかれないように支援してきましたが、これからも同じように応援しています」と言い残し、にこやかに去っていくのではないでしょうか。

世の中には、努力をしてがんばって、必死の思いで生きて、健康、人間関係、お金など、すべての物事がうまく流れている人がいます。

そして、がんばって人の何倍も働いているのに、やることなすことが全部思うようにいかない人もいます。

このことから、努力やがんばりが、必ずしもその人の幸せに繋がっていないということが解ります。

社会学的にたくさんの例を見てきた結果として、努力やがんばりで、物事がスムーズに流れるわけではないという結論に達しました。

努力してがんばって、周りの人を怒鳴りつけて、五倍十倍働いてもうまくいかない人は、感謝をしていません。

努力してがんばって働いて物事がうまくいっている人は、感謝をしている。

目の前にいる、家族、社員、友人に対して、毎日感謝して「ありがとう」と言っていることで、すべてうまく流れていきます。

人間関係が悪くなってから「ありがとう」と言って修復するのもひとつの方法ですが、**いまこの状態から「ありがとう」を言うことで、言われた人が味方になってくれます。**人間は「ありがとう」を言うことで、出会う人一〇〇パーセント全部を味方につけられるのです。

ある日突然に

# 「喜びの上乗せ」をしていく

相手を変えようとした瞬間に、トゲトゲした思いだけが伝わり、その相手は変わりません。どんな状況でも、笑顔で淡々と生きていくと、それを見ている相手が、突然変わることがあります。

重要なのが、変えることを目指してやるのではないということ。

「こうでなければならない」「絶対にこうしなければ」と思っているうちは、相手は変わっていきません。

**「そうでなくてもいいけれど、そうなったら嬉しい。でも、そうならなくてもいいけれど……」**というように、今の状態を認めたうえで、さらに喜びの上乗せをしていくと、宇宙からの応援・支援を得やすいようなのです。

夫から怒鳴られたり暴力を受けたりしていた女性が、私の話を聞き、トイレ掃除をしながら、笑顔でありがとうを言い続けていました。二年後、夫が「今日から怒るのをやめた」と言い、その日以来、一度も怒鳴ったり、暴力をふるったりすることがなくなったそうです。

若い頃、ギターを弾いていたことがあります。弾けなくてやめ、また翌朝弾き始めるという繰り返しでしたが、やり続けていたところ、ある朝突然、弾けるようになりました。

**状況がまったく変わっていないように見えますが、徐々に溜まっていき、ある日突然に状況が変わるようなのです。**

人間の成長はゆるやかな坂道ではなく、階段のように変化していくものかもしれません。

第6章

# 笑顔で「体」の悩みがゼロになる

――言葉と体の関係

原子変換

# マイナスの言葉でも元気になれる

ある生物学者が、ニワトリに対して、三ヵ月間カルシウムを与えないとどうなるかという実験を行いました。

カルシウムを与えないでいると、一ヵ月後にはすべてのニワトリが、プヨプヨの皮だけの卵を産むようになりました。カルシウムがまったくついていない、内側の薄い膜の状態です。

それを確認したあとで、今度はカリウムだけを与えていくと、一ヵ月くらい経って、ちゃんとした殻をつけた卵を産むようになりました。

そしてこの生物学者はこのような論文を書いています。

カリウムがニワトリの体の中で原子変換されて、カルシウムになった。カルシウムをまったく与えない動物に対して、カリウムを代わりに与えていると、カリウムがカルシウムになってしまった。体の中で、元素番号19番のカリウム（K）から20番のカルシウム（Ca）に原子変換がなされている。

核融合というものは、八千度の熱を与えなければなりません。人間の体温は三十六・五～三十七度です。ニワトリは、さらに二度くらい高いので、三十九度くらいの体温です。一般の物理学の世界では、三十九度で原子核融合がなされることは考えられません。しかし、生物の体内では、毎日原子変換がなされています。

私たちが食べている牛や馬は、草を食べて育ち、それが血や肉、牛乳になります。人間は子どもを産むと母乳が出ますが、母乳はもともと血液からできています。体内にあるときは、血液で色が赤かったのに、母乳となり体外に出ると白く変わります。そして、血液の味も香りもしません。原子核融合されて、まったく違う物質になっています。

ニワトリの小さな体の中にも原子核融合装置を持っているのですから、**人間の体そのものは、奇跡のかたまりです。**宇宙には、三十七度で原子核融合できる装置はどこにも存在しません。私たちの体は、原子核装置なのです。

上司や夫から「バカじゃないの」と言われたとたん、「私、バカという言葉がキーワードなの。バカと言われると、元気になるのよね」と設定しておく。

一般論では排出ガスを吸うことはよくないことになっていますが、私の場合だけ「体の中でエネルギーになるのよね」と設定したとします。**一般論ではなく、自分だけの問題に置き換えてみる。そうすると、エネルギーへ変わっていく可能性があります。**自分が浴びせられそうな言葉を書き出して、このキーワードを浴びたら元気になるなど、置き換えてみてはいかがでしょうか。

これまでの話は、マイナスの言葉をプラスに変えるという方法でした。もうひとつ、「あなたの笑顔が素敵」「あなたと話すと元気になる」「嬉しい」「楽しい」というプラスの言葉を聞かせてもらうと、とても元気になるという方法を持っていてもいいのです。

それを聞くと意気消沈する言葉、というものは決めずに、**プラスの言葉を聞くと元気になるように設定をし、さらにマイナスの言葉、あまり聞きたくない言葉を、自分だけは聞くと元気になると決めてしまう。**

自分の受け取り方で、物事が変わっていきます。

気にしない状態から、気にならない状態になり、穏やかな気持ちになって「得」をするのは自分自身です。

病気にならないコツ

# 正常に働いている器官に感謝する

講演会のあと、ある気功師の方から質問をされました。

「三年ほど前から右肩と右腰と右膝が痛みます。治している人の邪気を浴びて、自分の体に痛みが残ってしまい、何をやっても取れません」

邪気を浴びて取れないということでしたので、私は「自分の力で治していると思っているのではないですか」と尋ねました。

自分の力で治していると思っている人には、相手の邪気も自分の体に留《とど》まってしまいます。

自分の体を管《くだ》だと思っている人は、この人を治しているのは自分の力ではなく、天からの力を自分が管として通していると考えています。このように考えている人は、管として通して天に返しているので溜まりません。

質問した方はとても素直な人でしたので、

「よく解りました。自分の力で治していると思ったので、邪気が溜まったのだと思います」と言いました。

「**自分の力がゼロということが解ったらとても話がしやすい。**あなたはプロの気功師で食べている人だから、人間の体の部品をいくつくらい挙げることができますか」と聞くと、
彼は二、三秒考えてからこのように答えました。

「三百個くらいですかね」

「では三百個として、痛いところが三ヵ所あり、痛くないところが二百九十七ヵ所あります。その痛くないところに、一ヵ所でもありがとうと感謝をしたことがありますか」

「えっ」と、彼は黙ったままでした。

私たちが仮に神様だと、頭の中で想像してみたとしましょう。

ある人に、目が見えること、耳が聞こえること、食べられること、話ができること、ありとあらゆることを全部与えていました。

この人は、本当は喜びと感謝に満ちていてもおかしくないはずなのに、これまで一度も感謝をしたことがありません。

神様は、「人間として、感謝の念を少し実現させてあげてもいいよね」と上から見下ろしていたとします。感謝をしてもらうために、三百個与えているものの中から、ひとつを取り上げて、不調にしてみたのです。そうすると、残りの二百九十九個が順調に動くことが、どれほどありがたいか気がつくだろうと思いました。

ところがこの人は、二百九十九個に感謝をするどころか、「痛いじゃないか」と天に向かって暴言を吐くだけです。「そうですか。解りました。では、ふたつ目……」と、二ヵ所痛みを与えました。

この人は、まだ解らなくて、相変わらずひとつ目とふたつ目に対し「痛いじゃないか」と天に向かって文句を言うばかり

神様は、いくら文句を言われても、たじろいだり、狼狽《ろうばい》したりはしません。

「では、三つ目を……」

体が痛んだり、不調だったりするとき、痛むところ、不調なところを挙げ連ねるのですが、その人に共通していることは「いままで順調に動いていてくれていたところに、何ひとつ感謝をしていない」ということ。

体のどこかが痛んだり、不調だったりするときに、その不調なところに文句を言うのを

やめる。そして、**不調ではないところすべてに「痛くなくて、健全に、健康に働いてくださってありがとう」とお礼を言い、感謝をすることで、その一ヵ所が消えてしまうという宇宙の法則が存在します。**

では、どこも痛くなくて、どこも悪くない人はどうしたらよいでしょうか。

「どこも痛くなくて、健全に、健康に働いてくれてありがとう」と言い続けていたら、痛いところが出てこなくなります。「丈夫な体で、全部の器官が、順調に健康に働いてくれてありがとう」と、元気なときにずっと言っていけばいいのです。

悪くなってから痛むところを治すという考え方もありますが、痛くなるまで待っている必要はありません。一ヵ所痛くなったら、残りの二百九十九ヵ所に言わなくてはいけないので、時間がかかります。それよりも予防医学として、**「体のすべてが正常に働いてくれてありがとう」**と言えば、非常に楽で簡単です。

ある男性が、交通事故にあいました。彼が意識を取り戻したとき、手の指三本と、足の膝から足首まで、骨が出ている状況だったそうです。

三ヵ月経っても状況は変わらず、時間だけが過ぎていき、医師からは「このまま治らないかもしれない」と言われていました。このとき医師に薦められ、義肢を購入しています。

それから数日後に、この男性は「ありがとう」の話を思い出したそうです。

彼は、これまで正常に動いていたときに、一度も感謝をしたことがないことにやっと気づきました。治ってほしいという思いは一切なく、いままで正常に動いてくれていたことが、どれほどありがたかったかという感謝の思いでいっぱいになり、骨のままの指に向かって**「手の指さん、いままで正常に働いてくれてありがとう」**と、お礼を言いました。

ありがとうを言った瞬間に、三ヵ月間、何も変化しなかった指の肉が、ググッと盛り上がるような感覚がありました。その後、足にも「ありがとう」と言うと、また、肉が盛り上がるような、不思議な感覚がして、気のせいではないと確信したそうです。それから毎日ありがとうをひたすら言い続けました。

前半の三ヵ月は骨が見えたままで、まったく変わらない状況だったのに、「ありがとう」を言い始めた日を境に、手足の肉が盛り上がり、三ヵ月後には奇跡的に元通りへと戻りました。

**体に向かって「ありがとう」。この宇宙の法則を、早い段階で知ってしまったら、どんな虚弱体質でも生きていけそうです。**

体の一部になってくれてありがとう

# 情報を与えた水が体を回り若返る

私は五十年間病気をしたことがありません。健康のために、努力をしたこともありません。

家では玄米食を食べたこともないし、健康食品にもこだわっていない。防腐剤、添加物なども気にしたことがありません。私はいままでのあいだ、ずっと感謝をして食べてきたので、体の中に入るものが、毒に回らないようです。

体を壊しがちな人は、食べ物に論評・評価を与えがちです。

「これは防腐剤なのよね」「これが体に悪いのよね」「あれが悪い」「これが悪い」と言い聞かせられた食べ物は、体に入ってから毒に変わっていく。声をかけられたことで、言われた通り、「この人の体の中に入ってから、毒でなければならない」と思うようです。

**目の前に現れた食べ物について、「私の体の一部になってくれてありがとう」と言い聞**

**かせながら食べる。**そうすると、着色料・添加物・防腐剤が、全部薬になってくれるかもしれません。もしかすると、防腐剤が体内のカビを全部除去してくれたり、添加物を食べたりするとサイボーグになるかもしれません。

「否定」の反対にある状態は、「感謝」です。ありとあらゆるものに「ありがとう」「私の体の一部になってくれてありがとう」と言いながら感謝をしていくと、全部身につき、体の中で、味方になってくれるようです。

十年に一ヵ所くらい、ラーメン店に入って、一口スープを飲んだときに「まずい」と思うことがあります。しかし、これまでの人生の中で、「まずかった」という過去形の言葉を言いながら出てきたことは一度もありません。

「まずい」と思ったときは、どんぶりのふちに指をかけて、スープや麺にちゃんと聞こえるように**「私の体の一部になってくれてありがとう」**と言います。聞こえたら、このスープや麺が、私の喉越しにいちばん合うように変わってくれます。

自分たちは、どうも「ありがとう」と言われた相手には、全部この人の体の中に吸収されたい、残されたくないと思うようなのです。自分たちもせっかく生まれてきたのだから、喜んでくれる人の体の一部になって生きていきたいと思うらしい。そして、お腹が空《す》いていなくても食べたくなるような味に変わります。

「まずい」と文句を言われたときには、この人の体の中で生きたくないので、その人の喉越しにいちばん悪い、とても食べられないような味に変化します。

江本勝《えもとまさる》さん（水の研究に取り組み、世界で初めて水を凍らせて結晶を見る技術を考案、その形状から水を評価しています）の『水からの伝言』（波動教育社）という本にある通り、水や食べ物に向かって、声を出してメッセージを込めると、その通りに働いてくれます。

二十六年間アトピーで苦しんできて、一度も治らなかった女性がいました。顔には、高さ五ミリのぶつぶつがあり、隠すためにファンデーションを塗り込んで目と口を描いていたそうです。

ある日、「初めてお会いしましたね」と挨拶すると「○○家の××子です」と言い、驚きました。いままでと全然違う顔をしていたからです。

その女性は、ある人から「飲む水すべて（水、お茶、味噌汁《みそしる》）に対して、ありがとうと声をかけて飲むといい」というアドバイスを受けました。

これまで、薬物療法、温泉療法、食事療法など、ありとあらゆる療法を試し、いろんな勉強をしてきたそうです。その療法、薬剤をすべてやめて、だまされたと思ってこれだけをやり続けました。水に向かって「私の体の細胞を正常にしてくださってありがとう」と言い聞かせながら飲んだところ、二週間で腫れが引き、その後二週間でかさぶたが全部取れました。それを玄関にすべて飾っていたそうです。空き巣防止には役立つかもしれません。

そして、二十六年間治らなかったアトピーが治りました。

**人間の体は七〇パーセントが水でできています。情報を与えた水が体を回り、どんどん若返っていくようです。**

若返り

# 鏡に自分の笑顔を映してみる

四十歳を過ぎて、頭に白髪が出てくる方がいらっしゃると思いますが、実は、髪の毛の黒さというのは、女性ホルモンが関係しています。女性ホルモンが少なくなると白髪になります。

たとえばパートナーを蹴散らしながら生きている人は、早く白髪になります。エステに通ったり、養毛技術の優れたところへ通ったりしてもよいのですが、お金をかけないで髪の毛を黒くする方法があります。

頭の毛が白くなっている方は、男性、女性とも、女性ホルモンの出が悪くなっているのです。女性ホルモンがたくさん出ると、白髪までが、黒くなってしまう。

私は昭和二十三年生まれなのですが、すべて黒髪です。まったく染めていません。

なぜ、この年で、髪の毛が黒くいられるかというと、コツがあります。

まず、百円ショップで、鏡を三、四十枚買ってきてください。その鏡を家の中のありとあらゆる場所へ、自分の顔が映るところに飾ります。たとえばテレビの上、廊下など、あちこちに鏡を置いておきます。

鏡を見て、自分の顔を見た瞬間に、女性ホルモンが少量出るのです。鏡にはそういう作用があります。昔、女性は常に手鏡を持っていました。家には必ず池を作って、昼間はその池に自分の顔を映し、夜は手鏡で顔を映していました。鏡を見ていると自分が若くいられるということを、体験的に知っていたのです。

とりあえず、部屋、廊下、トイレなど、自分の顔の映るところに全部鏡を置いておくと、鏡で自分の顔を見た瞬間に、女性ホルモンが少量出ます。

にっこり笑うと、見ただけのときよりも二倍になり、中規模の量の女性ホルモンが出るのです。

そして、自分の顔を見てにっこり笑いながら、「結構かわいいじゃない」と言うと、大量の女性ホルモンが出てきます。

これを繰り返しやっていると、男性、女性とも、どんどん若返っていくようです。宇宙法則のひとつに「意識の密度が現象の密度」というものがあります。意識していくと、面白い現象が起こるかもしれません。

「笑い」は
最先端医学

# 笑顔で生きる嬉しい効果

眉と眉のあいだに神経が十八本入っているのですが、眉をひそめることによってこの十八本の神経が刺激を受けます。その十八本の神経は十八個の脳細胞と直結していて、この脳細胞が刺激を受けると、老化物質が出ます。

この老化物質を出し続けていると、どんどん老化していきます。眩《まぶ》しい、近視、遠視など、どんな状況で眉をひそめても出てしまうので、自分のために、どんなときでも、眉間にしわを寄せないようにしたほうがいい。眉間の縦じわはセロハンテープで止めると、一週間くらいで治りますが、イライラしていると、すぐに戻ってしまうようです。

笑顔のツボがあるのはご存じでしょうか。**口元のへりに人差し指、中指、薬指の三本を当てると、その薬指のところにエクボができます。そこがエクボのツボになり、笑顔のツ**

**ボになります。**

そこには、十八本の神経が左右に通っていて、左右の合計が三十六本あります。この三十六本の神経を指で刺激をすると、三十六個の脳細胞に直結していて、老化物質を止めます。ですから、眉間にしわが寄ってしまったら、その瞬間にすぐ、エクボのツボを指で押さえれば、老化が止まります。

最も簡単な方法は、笑うこと。笑うことにより、笑顔のツボが刺激を受けて、老化が防げます。そしていま、「笑い」は最先端医学と言われていて、笑っていると健康になることが証明されています。

村上和雄《むらかみかずお》さん（筑波《つくば》大学名誉教授、遺伝子の専門家）が、大変面白いことを言っていました。笑うことによって、スイッチが入る遺伝子がたくさんあるそうなのです。

人間の体の中には細胞があり、体重一キログラムの中に、約一兆個の細胞が詰まっています。

もともと人間は、ひとつの細胞からできていて、卵子、精子が受精し、細胞分裂が起こり、いまの体を形成しています。スイッチがＯＮになっている細胞が臓器などになり、ほかはすべてＯＦＦの状態です。

糖尿病の人を五十人くらい集めて、お笑いを二時間ほど聞いてもらいました。そうしたら、血糖値・血圧がドーンと下がったそうです。どうも、笑うことによって入るスイッチがあるらしい。**なんでもいいからとにかく笑うと、どこかで遺伝子のスイッチが入る可能性があります。**遺伝子のスイッチが入ったからといって、悪くなることはありません。体のどこかを修理するスイッチが入るため、二百回笑ったら、二百個の可能性が出てきます。

リウマチや神経痛などは、笑わない人ほど痛みます。あちこちが痛む人は、どこかのスイッチがカチッと入ったら、突然治るかもしれません。

そしてもうひとつ。**笑顔になると嬉しい効果があります。**

箸を横にして口にくわえて、リハビリをしていくと、口角（口元の筋肉）が上がってきます。口角は女性なら胸筋、男性なら下腹と一緒です。口角を上げる訓練をすると、女性は胸筋が弾力を取り戻しますので、胸の位置が上がっていき、男性は下腹が引きしまります。

**目の前の現象を喜んだり、楽しんだりして笑顔で生きていくと、自分が元気になり、さらに神様が笑顔になる現象を起こしてくれるようです。**

健康な家族と病気がちの家族

# 生きるのが楽しい人ほど長生きする

いまから七、八年前、夫婦で病院を経営している外科医の方が、このようなことを言いました。

「患者さんが来て、その患者さんを見ていたら、その家族が解るようになった。不平不満・愚痴・泣き言・悪口・文句を言っている患者は、その家族も病気を抱えている例が多く、家族全員に疾患がある。

**友達として付き合っている家族で、ひとりも病人がいない家族は、家族全員誰も具合が悪いところがない。**家族の中にひとり病気の人がいると、その家族じゅうすべて体が悪いということに気がついた」

家の中で不平不満・愚痴・泣き言・悪口・文句、罵詈雑言《ばりぞうごん》、言い争いをしている家族は、全員の具合が悪いということです。それはなぜかというと、いつも闘っているからです。

五戒を言えば言うほど、生きているのが悲しい、辛い、イヤだと言っているようなものです。愚痴や泣き言を言って、スッキリしているつもりかもしれませんが、それを聞いている体は「そんなに生きているのがイヤだったら、早く死んでしまいましょう」と反応していきます。

**みんながニコニコとしていて、口から出てくる言葉は、嬉しい、楽しい、幸せ、愛してる、大好き、ありがとう、ついてるとお互いに言い合っている家族というのは、病気をしにくいようです。**

常に喜び、幸せ、感謝の見方をして、肯定的な見方をしている人は、「生きているのがそんなに楽しいのなら、もっと長生きしちゃいましょう」と体が反応していきます。

昨日まで、体が不調でも大丈夫。いままでは、そのことに気がつかなかったのですから。今日からその不調な体を修繕して回復することが、人間の中には、能力として備わっています。

心がこもってなくてもいいから、「あー幸せ」「嬉しい」「楽しい」「ありがとう」をそれぞれ百回くらい言っていると、それだけで体の中のスイッチがカチッと入り、違った方向に向いていきます。

言葉が体を支配する

# よい言葉と笑顔が痛みを和らげる

笑ったり、嬉しい、楽しい、幸せ、愛してる、大好き、ありがとう、ついてるという言葉を言ったりすると、そう言った瞬間に、脳の中でベータエンドルフィンという快楽物質が分泌されます。

ベータエンドルフィンは三つの作用を持っています。ひとつ目は免疫機能を非常に強化します。ふたつ目は血液をサラサラにするので、血圧が下がります。三つ目は、脳の中で作られたベータエンドルフィンが直接的に脳の痛み中枢に働きかけて、痛みを麻痺《まひ》させてしまいます。それで「脳内モルヒネ」とも呼びます。

痛みがあるのはあたりまえだと思われていますが、言語学者に言わせると、痛みは人間だけが勝手に感じているもので、動物には痛みがないそうです。

**人間に、どうして痛みがあるのかというと、「痛い」という言葉が存在するからで、動**

**物には言葉がないので、「痛い」という概念がありません。**

子どもが二〜三歳くらいになると、言葉を話すようになります。歩き始めて、転んだとき、親が駆け寄って、「痛くない、痛くない、男の子はこのくらいで泣いちゃ駄目よ」と言うことにより、子どもは「これが痛いというものであって、このくらいで泣くべきものなんだ」ということを、言葉によって学習していきます。

子どもの頃に痛いという概念を教え込まれた結果として、痛いと感じます。神経がシクシク連絡してきたとき、神経が頭に連絡しているだけで、これを痛いと感じなければ、痛みではなくなります。

こういう実験をしてみましょう。

まず、「バカやろう」と言いながら体をつねってみます。次に「ありがとう」と言いながらつねります。「ありがとう」を言っているときは揉《も》まれているような感覚ですが、「バカやろう」と言った瞬間に神経が緊張し、痛みが走ります。

これはふだんの生活の中でも活用でき、「なんでこんなに辛いんだろう」というような、不平不満・愚痴・泣き言・悪口・文句を言っていると、痛みが生じてきます。

逆に「人生は結構楽しい、面白い」「空が青くてきれい」など、嬉しい、楽しい、幸せと言っていると、痛いという感覚が湧いてこなくなります。

私たちは、言葉というもので体を操作し、感覚を支配しています。言葉によって痛みを感じているのです。

私は超常現象の研究家でもあるので、催眠術の研究をしたことがあります。以前、ある内科の先生と話をしているとき、催眠術の話になりました。大学の授業でもこのような実験を行うそうです。

先に催眠術をかけ、催眠状態で目を閉じている状態の人に、腕を伸ばしてもらい五円玉を置きます。それから「さあ、いまからだんだん熱くなりますよ」と言うと、あるところで「熱いっ」と言って五円玉を振り払い、目を覚まします。そうすると、五円玉を置いたところに、丸く火ぶくれが起こるそうです。実際に、熱い五円玉を置いていたわけではありません。

そのことから、人間の体の反応は、外的な条件に反応しているのではなく、内的な条件(自分の思い、認識)で反応しているということが解ります。

新約聖書の中の『ヨハネの福音書《ふくいんしょ》』の初めにこのように書いてあります。

——初めに言葉ありき　言葉は神とともにあり　言葉は神なりき——

自分の想念の結果として言葉が口から出ているのですが、言葉が外に出た瞬間に体の細胞がその言葉に支配されて、その通りに反応しているのかもしれません。

自分の口から出てくる言葉が「辛い」「悲しい」「つまらない」と言っていると、体がピリピリしてきて、痛みをとても感じやすくなるようです。

「イヤなこと」があるのではなく、自分の想念と言葉で決め付けた瞬間に、自分の体にとってイヤなことになってしまうらしい。

逆に、「嬉しい」「楽しい」「幸せ」「愛してる」「大好き」「ありがとう」「ついてる」を言っていると、**それに対して体が心地よく反応するようになっています。**

# 第7章

# 笑顔で「男と女」の悩みがゼロになる

## ――男性と女性

魅力的な人

# 喜ばれる話題だけを話し続ける

ある女性から、こういう質問をされました。

「今年三十七歳になります。いまだに独身で、親にも心配させています。早く結婚をして、親に孫の顔を見せたいと思っています」

よい結婚をしたいのであれば、結婚のことを考えないことです。ある男性、女性がいて、顔を見るたびに結婚したいと言っていたら、つまらないと思います。

よく、彼氏いない歴××年と言っている人がいますが、そう言っている結果として、ろくでもない人しか寄ってきません。

ところが、「実はボーイフレンドが三十人いて、選べないから独身」と言っていると、その三十人を乗り越えてでも付き合いたいという、人格的にレベルの高い人が寄ってきてくれます。

魅力的な人間になるには、本を最低千冊は読んだほうがいいでしょう。私はこれまで、二万冊の本を読みました。そうすると、頭の中でいろいろな話が有機的に結合してくるので、情報がどんどん繋がっていきます。

たとえば、これまで読んだ本の中にこのような情報がありました。飛行機雲が長く尾を引いているときは、上空が湿気《しけ》っていて、吐き出した水が乾いていかないので、明日は雨である。逆にすぐ乾いていく日は、上空が乾いているということなので、明日は晴れる。

作家の伊集院静《いじゅういんしずか》さんは、妻で女優の夏目雅子《なつめまさこ》さんと初めて会ったときに、「薔薇《ばら》」という文字を目の前で書いて見せました。夏目雅子さんは、薔薇という文字を書ける男性にそれまで会ったことがなかったので、惚《ほ》れてしまい、結婚することになりました。

**もし気になる人がいたら、薔薇という文字を書いてみてはどうでしょう。**難しい漢字や、専門用語、数字などを覚えておくと、意外なところで役に立ったりするようです。

さらに、人に会うときは、自分が一所懸命話すのではなく、相手がどんな世界に生きていて、どういうことをいままでやってきたのかを聞くと、どんどん情報が入ってきます。

本人がたくさん面白いことを知っていて、さらに口から出てくる言葉が「こんな楽しいことがあった」「面白い本を読んだ」など、話が聞いていてワクワクする内容なら、その人と一緒にいることが楽しくなり、楽しい人が集まってきます。

私は、こうすると楽しい、こうしたら面白い、こうすると不思議、という話の収集家で、世の中がこんなに悪い方向に向かっているだとか、地球が滅亡に向かっているなどは、一切話しません。世の中に危機を訴えるような話は、そういう分野の専門家にお任せしています。

**喜ばれるような、楽しがられるような話題や話を集めてきて、それだけを語る、と自分を位置づけしてしまうと、周りに明るい人が集まってきます。**

自分が面白い人になると、出会う人みんなから惚れられるようになります。そうして千人が千人とも追っかけて来てくれるようになったときに、くるっと後ろを振り返って、「あなたを選びます」と言えれば、結婚に至るかもしれません。まずは自分が魅力的になることから始めましょう。

男性と女性の違い

# 称賛で伸びるタイプの人

人間の体には、四千ccの血液が流れています。男性はそのうち千cc出血すると出血多量で死んでしまいます。女性は、四千ccのうち三千cc失っても生きています。

何千年という歴史の中、女性があまりにも強いので、弱そうに装わないと男性とうまくやっていけないということを知り、二千cc失うと死んでしまうような素振りをするようになりました。そして、横座りをして、よよと泣いて見せるなど、装う知恵をつけています。

男性は、千cc失うと死んでしまうのですが、あまりにも女性と比べて弱すぎるので、強そうに装うことを見つけました。強そうに生きていかないと、女性に太刀打ちできません。ですから、男性は常に虚勢を張り、強そうに、偉そうに見せて、二千cc失っても死なないような素振りで生きています。女性は三千ccなくしても死なないのに、二千ccで死ぬような素振りをしながら生きています。そうして、二千ccで折り合って、お互いが誤解をしながら生きてきました。**男性と女性は、同じ人間、同じ生物と思った瞬間から、誤解が始まります。**

偏差値で見ると、これ以上低いところがないという人は、ほとんど男性です。そして、反対にものすごく優秀な人も男性です。ものすごく優秀な人と、どうしようもない人のふたつに分かれていて、まさに紙一重。

**男性は、自分の優秀さではなく、ある事情によって、能力が高くなるか、低くなるかが決まります。**それは「いちばん身近にいる女性の称賛」です。母親によって、ものすごく褒められて、愛されてきた男性は、褒められると優秀になる可能性があります。

**女性は生まれながらにして優秀なので、どんな教育環境のもとでも、必ず先天的な優秀さを持っている。**

女性は、そういうことを教わったことがないから、男性も全部同じだと思ってしまうのです。

たとえば、夫がお風呂に入る前に、あちこちに服を脱ぎ散らかしていったとします。それに対して「なんでお風呂場の前で脱がないの」と言っても、通じません。

女性は優秀なので、こういう感覚が絶対に解りません。一ヵ所で脱げばすぐ片付けられると考えられます。

男性は単純で、正しいかどうかという判断力がないため、どうして一ヵ所で脱がなければいけないのかが解りません。

女性はきちんとしているのがあたりまえですが、男性は、なんできちんとしないといけないのかが解りません。

**プロの料理人に男性が多いのはどうしてでしょうか。**それは、女性が「あなたの料理は美味しいからプロの料理人になれるよね」と褒められても、頭がよいために、「このくらいの味付けをできる人はたくさんいるだろう」と思います。

男性は単純だから「結構料理が上手《じょうず》。料理人になれるね」と褒められると、そうかなと思い、一気にプロのほうへ行ってしまうのです。

歌手の美空《みそら》ひばりさんは、母親に称賛された結果として天才になった女性ですが、たまたま肉体は女性だっただけで、魂は完璧に「男」、男性と同じでした。ですから、褒められることで、天才へと育ったのです。

女の子に生まれついたけれども、どうも性格的に男の子みたいだという子どもについては、母親が称賛すると、天才へと育っていきます。

**子どもはあら探しをすると、萎縮してしまうので、伸び伸びと育てたほうがいいようです。**

女性は、母親として子どもを育てるときも非常に大きな影響がありますが、妻として夫をはばたかせるかどうかも、称賛により、とても違ってくるようです。

柔らかな顔へ

# 女性であることを楽しむのが「得」

ある会場で「夫が殴る、蹴るなどの激しい暴力をふるい、ときには刃物を持ち出すのでどうしたらいいでしょう」と、相談されました。

この女性は、眉毛をくの字に描き、とてもきつく感じました。美容室などもこのように描いているので、お洒落をしているつもりかもしれませんが、まず、眉毛を水平に描き直すことを薦めました。

水平に描くようになってから、夫がまったく暴力をふるわず、穏やかになったそうです。自分が戦闘的だと、相手も戦闘的になります。周りの人がきつく激しいという人は、もしかすると、自分が攻撃的な顔をしているのかもしれません。

きつい人間関係に囲まれているから、眉間にしわを寄せ、きつい眉毛、きつい目つきにしているあいだは、何も状況が変わりません。

まずは、**眉を水平に描き、口元を上げ、ニコニコとしていく。**

夫が怒鳴ったり暴力をふるったりという場合、ある提案をしています。

①眉毛を水平に描くこと

②髪の毛を伸ばすこと

③スカートをはくこと

**男女差別論ではなく、損得勘定でこのほうが「得」という話をしています。**

夫がすぐ怒ったり不機嫌になったりする女性は、眉をきつく描いていたり、髪の毛がショートカット、常にズボンしかはかないという共通項があるようです。

怒鳴る、怒る、殴る、不機嫌になるという男性は、幼児性に溢れ、自分の感情をコントロールできません。幼児性の男性はかわいい女性に弱いので、かわいらしくしている人に対して、やさしくなります。目の前にいる妻がかわいらしくなり、誰もが素敵と思うような人だと、自分も大事にしたいという方向性に動くようです。

乱暴で荒れている男性ほど幼児性に溢れているので、かわいらしい姿・形をしている人には乱暴しません。目の前にいる妻が険しい顔をしていると、どうも戦闘的になるらしい。**損得勘定で考えると、女性であることを楽しみながら、ニコニコと笑っているほうが「得」のようです。**

もちろん、男性に責任がないということではなくて、第一義には男性の側に非があることは言うまでもありません。ただ、あくまで緊急避難的に、女性の側が自分から変わることで難を逃れた実例がある、ということをお話ししたかったのです。

まったく別の話になりますが、幼児性を引きずっている女性は、幼児性を持っている男性が魅力的に見えます。付き合うには楽しいかもしれませんが、結婚を考える場合、幼児性の少ない人を選ぶと、穏やかな日々を過ごせるのではないでしょうか。

# 第8章

# 笑顔で「子育て」の悩みがゼロになる

——強い子

塾の先生

# 「勉強するか」より「どう生きるか」

私塾をやっている先生という方が、次のような質問をなさいました。

「私の塾には六十人ほどの生徒がいますが、そのうち三十人ほどがほとんど勉強をしません。勉強をしないので、怒ったり怒鳴ったり、声を荒らげたりしているのですが、全然言うことを聞きません。

高校受験の私塾なので、合格率が悪いと父母の評判が悪く、自分の生活にもかかわります。子どもたちを勉強させて、合格率を高めたいのですが、どうすればよいでしょうか。

無理やり勉強をさせないでいいのか。受験に合格させないでいいのか。そういうことも正観さんの本を読んで迷いが生じています。どうしたらいいでしょうか」

という質問でした。

私の答えはこういうものでした。

「その勉強しない三十人は、先生が好きじゃないのではありませんか？　先生が好きだったら子どもは勉強するようになると思います。

たとえば、私自身の体験で言うと、中学・高校時代、その教科の先生を自分自身がとても好きな場合は一所懸命勉強しましたし、先生が好きじゃない場合は、まったくやる気が出ず、成績も下がる一方でした。**先生を好きになるかどうかということで、勉強するかどうかが決まるような気がします**」

そのように、お答えしました。

三十人の生徒が勉強しないというのは、その生徒たちから先生が好かれていないのではないですか？　というのが、私の話でした。

その先生は、自ら認めて、このように言いました。

「勉強しないからといって、怒鳴ったり、怒ったり、声を荒らげたり、そんなことをずっと繰り返しています。そういうことをやっている自分を好きではないのだけれども、それをやらないと生徒は勉強しない。親のほうからもいろいろ圧力がかかるので、仕方なしにやっています」

そこで私は、「これからは、こういうふうにしたらどうですか?」という提案をしました。

「受験に成功すること、高校に合格させることを、塾の目的としない」

「えっ」と彼は、不思議そうな顔をしました。

勉強させるためにやっている私塾で、勉強をしないこと、合格させることを狙いとしないこと、それを目標としようというのです。ありとあらゆる人が、「えっ」と言い、不思議そうな、怪訝《けげん》な顔をするのはあたりまえのことです。

私はさらに言葉を続けてこう言いました。

「勉強や合格というものを先生が教え込むのではなくて、あなたの塾で、こういうことを教えたらどうですか。

それは、世の中には、思うようにいかないことがたくさんある。挫折とか失敗とか、一般に言われる現象はたくさんある。そういうものが、これからの人生に待ち構えている。高校受験に成功する場合もあるし、失敗する場合もある。

その先に、今度は何かの運動部で県大会に出られる、出られないとか、予選で敗退するとか、そういうことも多々ある。大学受験で、思うようにいかないで挫折することもある。

好きな人から嫌われて失恋することもある。希望していた会社に勤めることができなくて、挫折を味わうということだってある。人生にはいろいろなことがたくさん待ち受けている。

でも、そういうときになってもいちいちめげる必要はない。たくさんの道が残されていて、それを自分が不運だ、不幸だと嘆くのではなく、そういうシナリオであり、そういう出来事もあるのだから、それに一喜一憂せず、強く、たくましく、打たれ強く、挫折にめげないで生きていくことも人生なんだということを教え込むのです。『受験を一所懸命がんばって合格を目指す、そのための勉強を教える塾』というより、『挫折を味わっても絶対にめげない生徒を作る塾』というほうが、本当は重要なのではないでしょうか」

そういうふうに、私はその先生に申し上げました。

学校の先生も、勉強することや、成績を上げること、受験に成功することばかりを教え込むのではなくて、「人生には挫折が待ち受けている。人生は挫折の連続である。人生は、思い通りにいかないことが多い。そういう場合に**いちいち落ち込まず、たくましい神経と精神力を持って笑顔で淡々と生きていく。それが重要なんだ**」ということを教えてみてはどうでしょうか。

学校教育が、常に勉強を教えるのではなく、挫折をしたり、思い通りにいかなくなったりしたときに、そこでめげないことを教える。それも、学校、教師、先生の役割かもしれません。

塾の先生の場合、勉強を一所懸命教え、その通りにならないからといって、怒鳴ったり、怒ったり、声を荒らげた結果として、受かった人も受からなかった人も、もう二度とその塾を訪れて、「先生、最近こんなことがあってね」と、話に来るようなことがないかもしれません。勉強や受験を必死にやれと教え込んだけれども、卒業生は誰ひとりとして寄りつかないような先生で楽しいでしょうか。

それとも、勉強や受験に必死にはなっていなかったけれども、人生には挫折や、思うようにいかないことがたくさんあるのだから、自分の思い通りにならないことがあっても落ち込まないこと。それが重要なんだと教え込んだ結果、自分の思うようにいかないとき、挫折したときに、「先生、こんな失敗をしちゃって……」「いま、こんな辛い思いをしているんだよね」と言いながら、**寄り集まってくる生徒が存在することのほうが、人間として、塾の先生として、楽しいことではないのでしょうか。**

徹底的に教え込んで、誰も寄りつかない先生と、勉強を必死にやれと教え込みはしなかったけれど、挫折や、いちいち一喜一憂しないということを教え込み、温かい目、温かい声で生徒を見守って塾から送り出してあげた先生がいたなら、後者の先生は、一生涯の相談に乗ってくれる人になっているかもしれません。困ったときや、悲しいときに、先生のところに生徒たちが来てくれるかもしれません。

教育をするとは、あるいは教育者とは、いったいどちらのことを言うのでしょうか。

いまのようなことを考えたとき、私塾の先生だけではなく、学校の先生の未来像というのも少し見えてくるような気がします。

それは、勉強を教え、成績をよくしろというだけの先生ではなくて、人生には挫折があり、思うようにいかないことがたくさんある、ということを教えてあげる先生です。

学校教育の中で、「よい大学に入ることが人生のすべてなんだぞ、だから大学受験を一所懸命にやれ」と尻を叩く先生よりも、「思うような大学に入れないこともある。あるいは大学受験に受からないこともある。そういう場合も、ほかにたくさん生き方があり、あるいはもっと広いものの考え方があり、いくつか受けた中で採ってくれた大学が、自分が行くべきシナリオを書いていた大学かもしれない」というようなことを、教えてあげる。

そういうことを教えてあげるというよりは、そういうことだけを教えてあげる先生のほうが、実は、先生として、人生の本質的なことを教えているのかもしれません。「受験をがんばれ」「希望の大学に入らなければ道は開けないぞ」「なんでもっと勉強しないんだ」「なんでもっと努力をしないんだ」と、そればかりを言い続ける先生より、「挫折をすることがある。思うようにいかないこともある。いや、思うようにいかないことが人生の大半なのだから、それにいちいちめげないで、**地道に淡々と積み重ねていく。そういう人生のほうが重要なのかもしれない**」ということを教え込むことが、本当の教育なのかもしれません。

二種類の「強い」子

# 「がんばる」より「笑顔で乗り越える」

いま説明をした塾の話は、家庭の中でも応用ができます。親が子どもに対して、このように言ってあげたらどうでしょうか。

世の中は、思い通りになることばかりではない。たくさんの挫折がある。思い通りにならないことがたくさんある。そういうときでもめげずに、**地道に、落ち着いて、いちいち落ち込まないで、「そういうこともあるよね」と言いながら笑顔で生きていく。**

そういう生き方を教え込むのも、親が子どもに対して教えてあげる、ひとつの教育論かもしれません。

私たちは、目標を持ち努力してがんばって、それも人の五倍・十倍・二十倍・三十倍・四十倍・五十倍もがんばって努力をして、成し遂げることがいいことなんだ、そういうふうにしなければバカだ、クズだ、というように教え込まれてきました。

強い決意で自分の目的や達成目標をクリアする、という子どもも確かに「強い子」と言えるのかもしれません。

しかし、同じ「強い」子でも、もうひとつ、別の形での「強い」子というのが存在します。それは、どんな挫折や困難にもめげずに、**気力、生命力、やる気を失わず、ニコニコと、淡々と、そういうこともあるよねと受け止め、受け入れながら生きていける子のこと。**

「強い」子というのは、「目標を持ち、その目標をクリアすること」「それを必ずクリアすること」「努力してがんばって思い通りにすること」、そういう子どもを「強い」子というように、私たちは思い込まされてきました。

そういう子どもも確かに「強い」子です。しかし、もう一種類「強い」子が存在します。それは、どんなに自分の思い通りにならなくても、挫折、困難、失敗があっても、それに対して、めげずに、落ち込まずに、淡々と柔らかな笑顔で生きていける子。そういう子どもを育てるというのも、「強い」子を育てるということになるのではないでしょうか。

親として、「必ずがんばって、自分の思い通りにしなさい」というふうに子どもを育てることもできますが、もうひとつの方法として「世の中は思い通りにならないことがたくさんある。そういうものにいちいち挫折を感じ、やる気を失って、落ち込んで、人生をはかなく辛い、困難だと捉える人生観を持つのはやめなさい。世の中は思い通りにならないことの連続で、そういうものを**笑顔で乗り越えながら生きていくのが生きるということなんだ**」と教え込むのも、実は、とても大事なことのような気がします。

東洋的な治療

# 「一喜一憂」せず淡々と受け入れる

いまの話は、学校教育や、家庭教育と同じように、東洋的な治療の現場で応用ができそうです。

というのは、西洋医学によっては治療ができない、あるいは見放されたという病気もあることでしょう。東洋医学に頼って、なんとかならないかと考える患者さんもいるわけです。そのときに、東洋的な治療、たとえば針、灸《きゅう》、整体、マッサージなどをしている先生方に、先述したような考え方を患者さんに言ってもらったらどうかと思うことがあるのです。

どういうことかというと、西洋医学で治らない、あるいは、治すことが大変困難であるという病気に対しては、東洋医学の先生は、「治らないこともあるよ、**治らないことも受け入れて、その残された年月を笑顔で生きていくという考え方もありますね**」ということを、教えてあげられる立場にあるかもしれないのです。

「がんばってがんばって、なんとか病気を克服しましょう」という考え方を教えることもひとつの強さとしてあります。しかし、そういう病気に対して、「がんばって、絶対この病気をクリアするぞ」という考え方ではなく、「めげない、落ち込まない、それを笑顔で受け入れ、そして、淡々と生きていくという考え方もひとつあるんですよね」と教えられるのが、東洋医学で治している立場の人のできることかもしれません。

東洋医学の先生は、患者さんに対して、「乗り越えましょう」「がんばりましょう」「克服しましょう」と言うだけでなく、別のもうひとつの強さを、患者さんに提示することができます。

病気について、いちいち落ち込まないこと、いちいちめげないこと、一喜一憂しないこと。**良くなったとか悪くなったとか一喜一憂するのではなくて、めげずに、笑顔で淡々と受け入れながら生きていく。**そういう「強さ」を教えてあげるのも、東洋医学の先生たちの役割のような気がします。

やさしさ

# 「さん付け」の驚くべき効果

やさしさという言葉が、誤解をされているような気がします。

**やさしさという言葉の定義は、「力の強い者が、その持っている力や権力を、弱い立場の者に対して行使しないこと」**。つまり、権力を行使しないこと。強い立場の者が、弱い立場の者に対してその力を使わないこと。これをやさしいと言います。

ですから、「うちの子どもは親に対してやさしいのよね」という言葉は、正しい使い方ではありません。「子どもに対してやさしい親」というのが正しい使い方です。「生徒に対してやさしい先生」「部下に対してやさしい上司」というのも正しい使い方です。

しかし、「うちの子どもはおじいちゃん、おばあちゃんにとてもやさしい」「うちの部下は上司に対して、社長に対して、とてもやさしい」という使い方は、本来のやさしいという言葉の意味を伝えていません。

その結果として、やさしいという概念が、世の中に伝わらなくなってきました。強い立場の者が、弱い立場のところまで降りていって、同じ目線でしゃがみ込んで、その目線で話をすること、その立場でものを言うことを、やさしいと言います。

したがって「地球に対してやさしい洗剤」とかいう使い方をしますが、地球は人間がいようがいまいがまったく関係がありません。

地球は、人間よりも圧倒的に強い存在であり、私たち人間が地球に対してやさしいと言った瞬間に、とてもとてもおごり高ぶりの言葉を使っている、ということになります。地球のほうが、はるかに人間よりも格が上です。その格が上の地球に対してやさしいという言葉を使うのは、正しい使い方ではありません。

この「やさしい」という言葉の意味が本当に解ったときには、地球上から「弱い者いじめ」という言葉がなくなるはずです。

**弱い者をいじめないこと。強い者が弱い者を庇護《ひご》はするけれども、決していじめたりはしないこと。それを「やさしい」と言います。**

親が子どもに対して、「おまえなぁ」と呼ぶことがあり、夫が妻に対して「おまえ」と呼ぶことがあります。学校の先生が、生徒に対して「おまえ」と呼ぶこともあります。

私の時代には、小・中・高・大学時代もですが、私自身が「おまえなぁ」と呼ばれることは一度もありませんでした。私自身の名前を呼び捨てにされたこともありません。常に「小林さん」「小林君」あるいは「セイカンさん」「セイカン君」という呼ばれ方をしてきました。私にかかわってくださったありとあらゆる先生は、人格者でした。生徒に対して呼び捨てにする先生は、ひとりもいませんでした。

いま、学園ドラマを見ると、ありとあらゆる学園ドラマは、ほとんどすべての先生が、生徒に対して「おまえらなぁ」という言い方をしています。

ここのところから、どうも人間関係が崩れていっているのではないか、と私には思えるのです。

**名前を呼ぶこと、それもできれば「さん」付けで呼ぶこと。そういうところから、先生対生徒の上下関係というものがなくなっていくような気がします。**先生が、生徒に対して、権力的、暴力的に言葉を発すること、浴びせかけること。威張って偉そうな言葉で声をかけ、常に支配的な立場でものを言うこと。そういう実例を見せていると、生徒たちは「やさしさ」を学びません。

逆に、人間関係は立場の強い弱いで成り立っているのだ、と思うようになります。強い立場の者は、弱い立場の者に対して、「おまえなぁ」と言いながら命令口調で、強権、強圧的に話すものなのだというように教え込まれます。そういう結果として、その教えを受けた生徒は、大人になってまったく同じような人間関係を、周りの人に振りまくことになります。

親も先生も、自分の強い立場や強い権力を振り回さないこと。同じ目線まで降りていって、その強権、強圧的な態度を取らないこと。これを「やさしい」と言います。

学ぶは「真似ぶ」

# 穏やかに、笑顔で、何回も伝える

小学生や中学生の殺人事件などが相次いだ頃、ある大学教授がこんなことを新聞に書いていました。

「最近の動向を見ていると、子どもの教育がなっていない。親が子どもをちゃんと育てていないからだ。我が家では、まず子どもに対して言って聞かせる。言い聞かせて解らなければ、それから殴るようにしている。すぐに殴ってはいけないのだ」

私は仰天しました。この大学教授は「殴ってはいけない」ということを言いたかったわけではなく、「殴るのには順番があるんだ」ということに関心があり、そこに力点を置いて原稿を書いたようなのです。

もともと、「まなぶ」は「まねぶ」という言葉から来ています。学びとは、真似《まね》びでした。

学ぶとは、真似をすることから始まった。

ですから、親が子どもに対して何か教えるということは、真似をさせるということにほかならない。真似をさせることが、学ばせることだったのです。

何か気に入らないことがあるとき、目の前の人が気に入らないとき、「殴る」という行為や「暴力をはたらく」という行為を教えてしまうと、結局親は、子どもに対して暴力による解決を教え込むことになります。

それは「気に入らない人間がいたら殴ること」「気に入らない人間がいたら、暴力的に強権・強圧的な態度を用いて、相手を自分の思い通りにすること」です。

そういう方法論を、親が子どもに教えてしまった結果として、子どもはその解決方法を主たるものとして学んでしまった、ということにほかなりません。

もしかすると、学校の先生がその子どもに対して、強権・強圧的に接していたかもしれません。そして、おじいちゃんやおばあちゃん、周りの人や近所の人たちも、何か気に入らないことがあると、すぐにそれを強権・強圧的な態度で解決しようとする。

そういう人たちが、罪を犯してしまった子どもたちを囲んでいたのかもしれないのです。

その結果として、その子どもは、学ぶことになった。つまり、気に入らないことや、気に入らない人がいれば、それを解決するためには、「暴力的に強権・強圧的に解決をする」という方法論です。

それ以外に学ばなかった。それ以外の解決方法を教えてくれなかった。ゆえにその子どもは、常にその解決方法を選ぶことになった。周りの大人が、その解決方法を唯一のものとして教え込んでしまったのかもしれません。

どんなことがあっても絶対に殴らないこと。絶対に暴力を用いないこと。暴力で解決するという方法論を教え込まないこと。

暴力はいけないことだと思うのであれば、**親が子どもに対し、できるだけ笑顔で、穏やかな言葉で、何回も何回も繰り返し説得をしていくこと。笑顔で何回も何回も伝え続けること。**その方法論を教え込んだら、子どもはその方法論だけを身につけて、これから大人になっていくかもしれません。

暴力的な解決方法を教え込まれた子どもは、かわいそうです。その方法論しか学ばないで大人になっていき、結果としては多くの人間を敵に回し、常に暴力的に、乱暴に、相対《あいたい》することになります。

本当に自分の子どもがかわいいのであれば、暴力的に解決する方法を教え込まないことです。

不登校

# 「我が家を選んでくれてありがとう」

年間に百人ほどのお母さんから、同じ質問を受けます。

「子どもが不登校になってしまいました」

「子どもが不登校なんですけれど……」

そこまで言って、そのお母さん方はそれ以上の発言をなさいません。これ以上の言葉が出てこない。

私はそこで黙っています。次の言葉は何が出てくるのかを聞きたくて待っているのですが、ほとんどのお母さんは、そこで言葉を打ち切ります。それ以上の言葉はありません。

私が黙っていると、もう一度、そのお母さん方は、同じ言葉を言います。

「うちの子どもが不登校なんです」

「うちの子どもが不登校で、学校に行ってないんです」

私は、黙っています。そこから先、どんな言葉が出てくるのかをもう一度待っています。しかし、そこから先の言葉は出てきません。私が黙っていると、三度、お母さん方は、同じ言葉を言います。

「子どもが不登校なんですけど……」

そこで私は、初めて口を開きます。

「だから？」

「えっ」という顔をして、皆さん目が点になります。

ほとんどのお母さん方は、「不登校なんです」と言いさえすれば、こういう言葉が返ってくると思い込んでいるようです。

「それは困りましたね」

「なんとかしなくてはいけませんね。では、このようにしたらどうでしょう」

私の場合は、不登校だからといって、「それは困りましたね」「いけないことですね」「なんとかしなくてはいけませんね」というふうに直結していないので、だからなんなのか、だから何を言いたいのかを、ずっと待っています。

しかしお母さん方は、ただ「不登校なんです」と訴えかければ、必ず「それは問題ですね」「困りましたね」「なんとかしなくちゃいけませんね」という言葉が返ってくると思い込んでいるようです。

**不登校がなぜいけないのでしょうか。**学校でいじめられて困っている子どもがいます。この子どもは、過去に何度か先生にも訴え、親にも訴えたことがあったかもしれません。その結果として、問題が解決されたでしょうか。解決されるどころではなく、先生はそのいじめっ子を呼び、「いじめているのか?」と聞きます。子どもは「そんなことしているわけないじゃないですか」と答え、否定をし「おまえ、先生に告げ口をしただろう」ということで、よりいじめが酷くなったという場合が少なくはないのです。


「僕はいじめられてるんだ」

「私いじめられているの」

そのように親に言った結果として、親は学校や先生に言いにいった。

「うちの子どもがいじめられているみたいなんです」

先生はそれを聞いて、またまたいじめている子どもを呼んで、聞きます。

「いじめているのか？　そういうことがあるのか？」

「そんなことしていませんよ」

聞かれた子どもたちは、いじめを認めることはほとんどなく、必ず否定するに違いないのです。その結果、訴えかけた子どもに対して、いじめっ子からのいじめは、さらに強く、酷いものになります。

そういう過去の何回かの学習があった結果として、いじめられていた子は「不登校」という結果を選びました。

もし、不登校という選択肢がなければ、この子どもは死んでしまったかもしれません。学校でいじめられ、家庭で「不登校は許さない、学校へなんとしても行かなくてはならない」と言われ続けたならば、行き場所がなくなって、子どもは自殺してしまったかもしれないのです。

そういう方法を選ばずに、家が最も安心できる場であり、落ち着ける場所であり、逃げ込める場所だった。そういう選択をしたということにほかなりません。

親としては、最後の最後の拠《よ》りどころとして、逃げ込める場所として、安らげる場所として、「我が家を選んでくれたのね、ありがとう」と感謝をし、ありがとうと言うようなことさえしてもいいくらいの選択だったのです。

不登校は何も手段を持たない、解決手段を持たない子どもたちの、最後の最後の叫びなのかもしれません。

「我が家を選んでくれてありがとう」「最後に安らげる場として、我が家を選んでくれてありがとう」というふうにものが考えられたら、「不登校が問題だ」というように認識することはなくなるのではないでしょうか。

# 第9章

# 人生を光り輝かせる「実践」

——五冊のノート

ドラマよりも
面白い日常

# 「そ・わ・かの法則」の実践

私は、超常現象の研究家でもあります。目に見えるものしか信じません。目に見えないものを前提には考えていません。ただ、**目の前に現象があったときに、こうするとこうなるという因果関係を調べてきました。**

超常現象というのは、十年、二十年、百年に一度あるかないかなので、共通性を探していくのは結構難しいものです。超常現象も面白いのですが、さらに面白いのは、日常現象です。私にはこれまでに、たくさんの「嬉しい」「楽しい」「幸せ」「ありがとう」という現象が起こっています。

中には奇跡としか思えない、偶然の重なり合いがあり、それをすべてノートに書きとめてきました。日常現象の研究は、共通性を探していくとある法則性が見えてきます。日常は、ドラマよりも面白いことが起こっているのです。

人生を豊かに生きるために、五冊のノートを作ってみてはいかがでしょうか。

五冊とは**「面白がりノート」「共通項ノート」「掃除ノート」「ありがとう（感謝）ノート」「笑いノート」**です。

宇宙の秘密、神様の秘めごとを「神秘」と言います。神様は、いろんな法理法則を現象の中に埋め込んでいるようです。それを読み取って使いこなしていくと、人生がとても面白くなります。

これまでに二千個くらいの法理法則が解ってきましたが、因果関係がはっきり出るのが、「掃除」「笑い」「感謝」でした。

**「掃除」**――自分の使ったトイレは必ずきれいにして出てくると、お金の心配がなくなります。よく、「どうしてですか」と質問なさる方がいますが、よく解りません。

**「笑い」**――なんでもいいから笑う。体の免疫が上がり、体が元気になります。

**「感謝」**――ありとあらゆる出会う人、物、事に「ありがとう」と感謝していると対人（対神）関係がよくなる。ありがとうを言うと、目の前の人も味方になってくれますが、目の前にいない神々も味方になってくれます。

「掃除」「笑い」「感謝」で「そ・わ・かの法則」と名づけました。

この三つをやり続けると、もう何も考えなくていいくらい、神様から支援がいただけます。私がこれまでに書いてきた一部を紹介します。

面白がりノート（奇跡ノート）

# いかに面白がったかを書き記す

二十歳から数えると、千個くらいの不思議な現象が起きました。

野口英世《のぐちひでよ》（医師・細菌学者）という人は、十一月九日の生まれです。私も同じ誕生日です。

幼い頃から、我が家の本棚にあるのは、すべて野口英世の伝記だけでした。父親は、どうも野口英世のような努力型の人間になってほしかったようです。

数字の重なり合わせが、私にはたくさんあります。

このように、**いかに自分が面白がったかを書き記すノートを作ると、楽しくなります。**

皆さんもいままで同じようにたくさんの現象が降ってきているはずですが、書き出さなかったために、忘れていることがほとんどでしょう。

落ち込んだときなどにこのノートを見ると、「神様が自分をこんなにも気に入ってくれているみたいだ」ということを確認でき、とても元気になります。

共通項ノート

# 私がノートに書いた三つの法則

**【流行る店】**

流行っている店の共通項があります。それは、お客さんが来た順番に必ずメニューを出して、商品を運ぶ店です。

一人目がラーメン、二人目がチャーハン、三人目が焼きそば、四人目がラーメンを注文したとします。お店によっては、一人目と四人目のラーメンを同時に作り、二番目と三番目のお客さんを待たせた状態で四番目の人に出します。自分が三番目に頼んだのに、自分よりもあとに来た人が先に食べているのを見ると、いい気分にはなりません。それが、二度三度と繰り返されると、お客さんは来なくなってしまいます。

**神様は、効率を上げる方法よりも、頼まれた順番に、コツコツと目の前の一人ひとりを大切にしていくことを好むようです。**バカ正直で、真面目な人に、応援支援をしてくださるようです。

**【倒産する会社】**

ある現役の銀行員の方が、倒産する会社に共通していることを教えてくださいました。倒産する会社は、すべて駐車場や庭にゴミが散乱しているそうです。

しかし、きれいにしていると倒産しないということでもないそうです。汚している会社が、必ず倒産するということでもありません。倒産した会社は、すべてゴミが散乱しているという事実があるのだそうです。

**【太る人】**

太る人には共通性があります。食べ物を前にして「私、何を食べても太っちゃうのよね」「私、水を飲んだだけでも太っちゃうのよね」「この一口が、私を太らすのよね」と言いながら、食べたり飲んだりしています。これをやっていると、体に入ってきた食べ物が午前二時、三時になってから、この人を太らせなければいけないと思うのです。

**私は人よりたくさん食べますが、全然太りません。体型が変わらないための魔法の言葉**

があります。「私、何を食べても太らないんです」という言葉です。

ある方が、試してみたそうです。三ヵ月後「いくら食べても太らないのよね、と言い続けたのにやせなかった」と文句を言われました。その言葉には「やせる」という情報が入っていません。いくら食べても太らないだけです。やせたいときは「食べれば食べるほどやせていくのよね」と言うこと。この場合、「食べれば食べるほど」と言っているので、いままで以上に食べないとやせません。

別の女性が、病院で診察を受けたとき、医師から「あと六キロ体重を減らしてください」と言われ、ダイエットをやっていましたが、美味しくなく、このままの食生活を続けるのはイヤだと思った。あるとき私の話を聞いて、こっちのほうが楽、と、いままで試したダイエットをやめて「食べれば食べるほどやせていくのよね」と言いながら好きなものを好きなだけ食べたそうです。二ヵ月経って、六キロやせたそうです。

ただし、これには副作用があります。いつまでも「体重を減らしてくれてありがとう」と言っていると、ガリガリになってしまう可能性があるので、あと何キロまでやせるか、詳しく数字を伝えたほうがいいでしょう。

この話を聞いて何百人もの人が試しましたが、この中の何人か、効果が出ないどころか、食べれば食べるほど太った方がいます。その人たちの共通項は、信じていないということでした。心の中では、本当は食べれば食べるほど太ると思いながら、口先だけでやせると言っていても効きません。**心から信じて食べることが肝心です。**

掃除ノート

# 私がノートに書いた掃除の効果

**【トイレ掃除】**

一生涯お金に困らない方法があります。それはトイレ掃除をすることです。

**自分がトイレを使ったあとに、きれいにして出てくると、なぜか一生涯、お金に困りません。**自分が使ったトイレをきれいにしてきちんと出てくる人は、基本的にお金に困らなくなります。

ヨーロッパの王室の王子様やお姫様も、子どもの頃から徹底的にトイレ掃除を教え込まれ、徹底的にピカピカに掃除するそうです。

その話を聞いたアメリカの大富豪が、自分たちの生活にトイレ掃除を取り込みました。

この話を聞いた日本人が調査したところ、アメリカの大富豪の家のトイレはすべてピカピカで、蓋もきちんと閉じていました。

神様から好かれる三つの条件があります。

ひとつ目は、**「姿かたちの美しい人」**が好きらしい。姿かたちとは、容姿、顔が美しい人だけではありません。立ち姿、歩き姿、座り姿などの立ち居振る舞いの美しい人も含まれるようです。

ふたつ目は、**「心がきれいな人」**が好きらしい。

三つ目は、**「身の回りと、水回り（トイレ、流し、洗面所）がきれいな人が好き」**らしい。

「姿かたち」や「心」の条件を満たしているかどうかは、難しいところです。神様は「美しさ」の基準を公開していないので。ですから、いちばん身近な掃除に取り組むことで、神様から好かれるようになります。

**【一流選手の部屋】**

私は年間三百回以上の講演をしているので、よくホテルに泊まります。ホテルを経営する人も、私の話を聞きにきてくださるのですが、そのときにこのような話を教えてくれました。

「トイレ掃除ときれいにする話は面白かった。**スポーツの一流選手ほど、部屋をきれいに**

していて、**全然使っていないように見える**」ということでした。

いつもきれいにしている選手が、稀にグジャグジャな状態で出て行くときがあり、その日の成績は、滅茶苦茶にふるわないそうです。掃除をしているときとの差が、くっきりと表れるのだということでした。


**【ひと財産】**


何十年と、ハウスクリーニングの仕事をしている五十歳くらいの方がいました。その方の話だと、「**事務所が整然と片付いているところは、業績も順調で、人間関係もうまくいっている。**片付けようがないくらい汚れているところは、どんなに努力をしても、いつも問題を抱えている」そうです。

どうも、きれいに掃除が行き届いているところと、汚れているところでは、会社の行く末が違ってくるらしい。

自己啓発のセミナーに行ったり、いい話を聞いたり、本を読んでがんばっていたりしても、乱雑になっているところは、なかなかうまくいかないようです。

個人の家でいうと、玄関に靴がたくさんあるところには、神様が入りにくくなります。

家族の靴を全部収納し、きれいに掃いて、拭き、磨きあげる。ものがあると、神様が歩きにくいので、廊下にはものを置かずにきちんと収納します。神様が歩いて部屋まで入ってくると、その家は、たくさんの幸運に恵まれます。

そして、水回り（トイレ、流し、洗面所）の、人がいやがるようなところの掃除をし、目に見える廊下、玄関など、すべて片付けられるものは片付け、収納できるものは、収納しておく。

**収納上手な相手と結婚した人は、それだけで「一財産《ひとざいさん》」＝「人財産」を手に入れたことになります。**掃除ができると、自我や個性が少なくなり、無味無臭に近づいていくようです。

**【掃除の不思議】**

あるとき、ある女性が里帰りをしようと、飛行機のチケットを手配していました。しばらく家を空けるため、掃除を始めたところ、「二度とこの家には戻れないかもしれない」という思いと、自分たちが出かけたあとに誰もいない家を誰かが訪ねてきて、家の中を捜索している場面が頭に浮かんできたそうです。

なぜだか解らなかったものの、二度と戻れないという思いが強かったらしい。留守中に来るお客様を、きれいな部屋で迎えたかったため、部屋を掃除してから出かけようと思ったそうです。次から次へと掃除をしたいところが出てきて、気がつくと、家じゅうをすべて掃除していたそうです。

時計を気にしながら掃除をしていたものの、気づいたときには、これから出かけても飛行機の出発時間にはすでに間に合わないような時間になっていました。そのため、飛行機をキャンセルしたそうです。

そのあと、その女性が乗るはずの飛行機が墜落したというニュースが流れました。しかも、その便は、キャンセルが通常の三倍あったそうです。

もし、掃除をしていなかったら、または、掃除を途中でやめていたら、飛行機に乗っていました。

**どうしても掃除をやめることができないときは、神様やおかげ様からのメッセージかもしれません。**

ありがとうノート

# 「三つの奇跡」を記入する

ありがとうノートは、ありがとうを何回言うと、こういう面白い現象が起きたということを記入するノートです。ありがとうの奇跡には、三つの段階があります。

①年齢×一万回のありがとうで、第一の奇跡が起きます。

三十歳の人は「ありがとう」を三十万回唱えると、第一の奇跡が起きます。「そうならなくてもいいけど、そうなったらいいな」と思っていたことが実現するようです。

②年齢×二万回のありがとうで、第二の奇跡が起きます。

第二の奇跡とは、本人は思っていなかったのに、その家族や友人がそうなるといいなと思っていたことが実現するようです。

③年齢×三万回のありがとうで、第三の奇跡が起きます。

第三の奇跡になると、本人、家族、友人、誰もが考えもしなかった楽しい現象がどんどん勝手に降ってくるようです。

ある男性から、このような報告を受けました。

一年前に左腕が突然に痺《しび》れ、それから完全に麻痺状態になり、まったく動かなくなりました。病院で調べてもらったところ、頸椎《けいつい》の骨が神経を圧迫して切断していたそうです。即入院し、神経を繋ぐ手術をしない限り、腕が動かなくなり、このまま放置すると、半身不随になってしまうと言われました。別の神経外科の診断を受けたところ、やはり同じ結果だったそうです。

その人は、二週間後にどうしても大事な用事を頼まれていたので、もう少し考える時間が欲しいと思いました。

そこで「**まず、この症状を受け入れて、全身にありがとうを言ってみよう**」と試したそうです。そうしているうちに、腕に感覚が戻ってきているような気がしました。

一週間後に再検査をしたところ、頸椎の神経は改善されているようなので、入院も手術も必要がないと言われました。数日後には、手の感覚も戻り、ありがとうの奇跡を実感したそうです。頸椎の神経が切れたのに、くっついた例は世界でも珍しいそうです。

**二十一世紀の最先端の文明、最先端科学・最先端医療というのは、実は「ありがとう」かもしれません。**

笑いノート

# 子孫に書き残したい「笑顔の効果」

笑いノートは、笑いについて記入するノートです。これまで述べてきたように、笑いにはたくさんの効果があります。

過去四十年の人生相談の経験から言うと、笑わない人ほど病気になりやすいようです。そして、バカ笑いをする人ほど、病気が少なく、健康です。

人間の体内では、毎日たくさんの細胞が新しい細胞に生まれ変わっています。ところが、中には突然変異をして、おかしな細胞、いわゆるガン細胞が作られてしまうことがあります。

健康な人でも、一日に五千個のガン細胞が作られていますが、一回笑うごとに、二千個のガン細胞が消えていく。実は、笑うことにより、ＮＫ細胞（ナチュラルキラー細胞）が活性化されガン細胞をやっつけてくれます。

**笑うことにより、体が温まり、免疫も上がって元気になる。**「バカは風邪を引かない」という言葉は、本当のようです。

笑っていると、ベータエンドルフィンという脳内モルヒネが出て、痛みを感じなくなっていきます。笑ってリラックスすることにより、体に力がみなぎるのが解ります。

目の前のことに対して、笑顔で笑うと「肯定している」ということになります。

肯定には十段階のレベルがあり、「嬉しい」が五、「嬉しい、楽しい」が六、「嬉しい、楽しい、幸せ」が七、「嬉しい、楽しい、幸せ」プラス「笑顔」が八、「嬉しい、楽しい、幸せ」プラス「笑顔と笑い声」が九、「嬉しい、楽しい、幸せ」プラス「笑顔と笑い声」プラス「感謝」で十の最高レベルです。

**笑っていることで、健康の問題、人間関係、ありとあらゆる部分が解消できるようです。**

いま私たちは、「ありがとう」の第一世代にいます。「掃除ノート」「笑いノート」「ありがとうノート」は誰が見てもいいように子孫へ残していくと、何世代かのちには、さらに面白い現象が解明されていくことでしょう。

# 第10章

# 神様は「笑顔」に味方する

## ――光り輝く人生に

三つ目の本能

# 「喜ばれると嬉しい」という概念

動物には「自己保存」と「種の保存」というふたつの本能があります。自己保存は、食べ物がなくなると移動をして、体を維持する行動を取ること。種の保存は、相手を探して自分の子ども、子孫を残すこと。

人間は、動物の一種でもあるので、「自己保存」と「種の保存」というふたつの本能をいただいています。しかし、本能はこのふたつだけではありません。

三つ目の本能を一度でも知ってしまうと、抵抗できません。なぜならば、本能として組み込まれているからです。

**人間だけに組み込まれている本能、それは「喜ばれると嬉しい」ということ。**

皆さんは、幸か不幸か、自分が死ぬまでのあいだに、三つ目の本能を知ってしまいました。

これからどんなに抵抗しても、「絶対にそうしないぞ」と固く決意しても、喜ばれると嬉しくなります。

なぜ人間は、この三つ目の本能をもらったのでしょうか。

神様は、ただ喜ばれると嬉しいという概念だけの存在で、種の保存にも、自己保存にもまったく興味を持っていません。そのエネルギーを、人である生物にプラスして、**「喜ばれると嬉しい」**という概念を上乗せしました。

その上乗せされた存在を「人間」と呼びます。動物と神様とのあいだに存在するのが、私たち人間なのです。

一度でも、この概念を知ってしまうと、いままで認識されていなかった三つ目の本能の蓋がパカッと開いてしまいます。

頼まれごと

# 「いかに頼まれやすい人になるか」

人間にとっては、「自分の存在が喜ばれる」ことが、心から嬉しいと思えることです。

ただし、「これを人にやってあげたら、きっと嬉しいと思われるだろう」と考えているものは、空振りすることもあります。

私の話を聞いた、ある三十歳の男性がいました。大学までレスリング部に入っていて、体重百十キロ、身長百八十五センチの屈強な男性でした。

喜ばれると嬉しいという話を聞いて、ものすごく楽しい気分になり、なぜかとても体が軽くなったそうです。

いままでとはまったく違う人生観で、その日の夜、新宿《しんじゅく》に出かけました。

駅前で、階段の上のほうを眺めながら、ふたつのスーツケースを、息を切らしながら運んでいるおばあさんを見かけました。

彼は「喜ばれる存在になることが私の中の喜び」という話を聞いたばかりで、とてもやる気になっていたので、「荷物をお持ちしましょう」と言い、スーツケースをふたつ持って、階段を十秒くらいで駆け上がったそうです。

下を見ると、おばあさんは階段を一段も上がってきていません。

「どうしましたか？」と尋ねると、

「やっと、真ん中まで降ろしたところだったのです」

彼は、「喜ばれると嬉しい」ということが、まだ身についていてなくて、自分で「これが喜ばれるだろう」と思っていたことが空振りとなりました。

「喜ばれると嬉しい」という本能の話を聞いた人は、今日から実践してみようと思います。しかし、その中で本当に喜ばれることは、五〇パーセントくらいです。一年経ち、やっと七〇パーセントくらいになります。

二年で九〇パーセントくらい。三年で九五から九八パーセントくらいで、ほぼ一〇〇パーセントに近くなりますが、それでもまだ、勘違いで喜ばれないことが何パーセントかは残ってしまいます。

では、間違いなく喜ばれるのはなんでしょう。それは「頼まれごと」をすること。**喜ばれる存在とは、「いかに頼まれやすい人になるか」ということです。**

基本的に、できない頼まれごとは来ません。引き受けたからには「いい仕事をしよう」などと気負わずに、そのときの力で「よい加減」で、ニコニコとやっていけばいいのです。頼まれたときに、自分ではできないんじゃないかと勝手に判断して断ることを「傲慢」と言います。

しかし、自分の中に「できないことでもなんでも引き受ける」という気持ちがあると、できないことまで持ち込み、行き詰まるかもしれません。引き受けることにより自己嫌悪が大きくなる場合や、物理的に不可能な場合は断ってもいい。

「頼まれごとのない人はどうするのですか」と聞く人がいます。頼まれない人は、頼みにくい顔をしています。眉間にしわを寄せ、口はへの字口になっている。さらに、愚痴や文句ばかり言い、眉間にしわを寄せていると、誰も頼んではくれません。

**口角が上がっていて、にこやかな顔・姿・形をして、嬉しい楽しいとにっこり笑っていると頼まれやすくなり、「喜ばれる存在」として、ひとつ実践できたことになるのではないでしょうか。**

## 人間の最大の罪

# 伝染させるなら「明るい光」を

人間には、伝染しやすいものが三つあります。それは、あくび・不機嫌・笑顔です。あくびをしていない人のところに、あくびをしている人が入っていくと、あくびが伝染します。

明るく楽しく生きている人の中に、不機嫌な人が入っていくと、不機嫌が伝染します。不機嫌な人の中に、笑顔の人が入っていくと、不機嫌な人に笑顔が伝染していきます。

ドイツで生まれた、ゲーテという詩人がいます。彼は詩人のほかに、作家・自然科学研究家をしていました。代表作に戯曲『ファウスト』があります。

彼は、人間観察をし続けた結果として「人の最大の罪は不機嫌」と書き残しました。最大の罪は、人殺し・盗むこと・だますことではなく、「不機嫌」なのです。

不機嫌の場合、それを直さない限り、周りにいる何百人、何千人へと何度も不愉快を与え続けていることになります。

あれが悪い、これが悪いと言っている人は、自分が闇を発しているかもしれないということに、気がついていません。問題を指摘することで周りに暗さを与え、さらに自分も暗くなり不機嫌になることで、口がへの字口になってしまいます。

いつも明るい笑顔や、温かい言葉を投げかけて楽しそうにしていることが、周りの人に明るい光を投げかけているということなのです。

正義感の罠

# 他人を変えず、自分が明るく生きる

真面目な人ほど、正しさを追い求めてしまいます。その結果、敵意と憎しみが湧いてくるというように、人間の心が創られているのかもしれません。

社会を四十年観察してきた結果、真面目な人ほど、人生を暗く辛いものにしていることが読み取れてきました。

**心の勉強をしていった結果として、いろいろなことを学び、心正しい人になり、心正しい行動をするようになっていきますが、**どの人も九十八点まできたときに陥りやすい罠《わな》があります。

ある大きな災害のときのこと。自分の家や土地すべてを売り払って数千万円のお金を作り、被災地で炊き出しをした農家の方がいらっしゃいました。

ボランティアで一日三食、合計二千四百食を毎日作り続けました。この話を聞いた人たちも募金をして、半年ものあいだ、炊き出しを続けることができたそうです。半年後、仮設住宅などができ、必要がなくなったので、家族のもとへと帰っていきました。

この話を聞き、日本各地の商工会議所などから講演依頼がくるようになりました。そこで、このような話をされたそうです。

「あまりにも悲惨な状態だったので、家や土地を売り、乗り込んでいきました。いま聞いている皆さんは、会社があり、社員がいて、預貯金もある。そういうものを全部売り払って、なぜ同じことをしなかったのですか」

心温かくて困った人のためにやっていこうという、神様のような心を持った方でしたが、この一言を言った瞬間、会場はシーンと静まり返ったそうです。そして、同じ主催者から、二回目の講演を頼まれることはありませんでした。

自分は喜ばれるよう生きているのに、周りの人は呼応した生き方をせず、自分勝手に生きている。その人間に対し、「こうしたほうがいいと言ったらよいのではないか」「もっと説得したら」と、耳元に降りてきて、ささやく「悪魔」が存在するのです。

「どうしてあなたはしないのか」と言ってしまった結果、周りの人が遠ざかり、寄りつかなくなります。そして、前のようによい言葉を発しても、誰も耳を貸さなくなりました。

これを、悪魔の側からすると「無力化した」と言います。耳元でささやいた「悪魔」という存在は、この人の影響力をゼロにしてしまったのです。

悪魔は、人を変えたり、潰したりすることはできませんが、心を左右することで、無力化するように働きかけます。

「あの人がそう思うのが許せない」という、正義の「敵意」「憎しみ」の小さな芽は、誰の心の中にも宿っています。他人を憎む「心」そのものが、争いの種になっています。

**他人や世の中をどうするかより、自分の中の敵意と憎しみをなくし、太陽のように明るく生きていくこと……。**

よい仲間と明るく楽しくいたいのならば、目の前の人に対して「自分と同じように振る舞え」「同じ価値観になれ」と強制するのをやめる。

よい話を聞いて、周りの人にたくさん広めようと思った瞬間、よからぬものが入り込んでいる可能性があり、運とツキが逃げていくようなのです。

人間は、ろくなものでもなくて、大したものでもないと思うことで、心地よい方向に行けるのかもしれません。

自分が実践していく

# 明るく笑顔を続けることが「実践」

講演会のあとで、このような話をする方がいらっしゃいます。

「今日の話を、○○さんに聞かせたかった」

「今度は、××さんを連れてきたい」

このように、「誰かへ」と言った瞬間、今日の話は自分のためになされているものではないと思っています。

このときいちばん痛んでいるのは、話を聞いた本人の胸です。いままで、五戒（不平不満・愚痴・泣き言・悪口・文句）を言い、怒鳴ったり、怒ったり、不機嫌になっていたので、話を聞いていると、自分がとても辛くなります。

どうしても「自分の胸に痛みが来ているのではない」「この話は自分のためのものではない」「これは○○さんに告げるべき話だ」と、うっちゃりをして帰りたいのです。それを、私に確認をしておかないと辛いので、「この胸の痛みは○○さんのところに行く話ですよね」と確認しに来るわけです。

「多くの人に伝えたい」「世の中を変えよう」という考えを全部やめる。このような人は、自分が実践していない可能性があります。

自分でやるべきことを感じたのなら、ただ自分が実践していくだけ。**楽しくて笑顔になることを何十年も続けていき、周りの人に喜ばれるよう、光を発しながら生きていくだけでいい。それが「実践」。**

「自分がどう生きるか」に徹してみてはどうでしょう。

## 一千年後の世界

# 支え合う価値観を伝えていく

約三十年で人間の世代が一代変わります。創業四百五十年の店だと「十五代」くらいが平均的なところです。ふたりの子どもがふたりの子どもをと、三十三代積み重ねていくと、なんと八十五億人になります。

皆さんが、自分の子どもや友人に、自分の価値観を伝えたとします。そのふたりの子どもや友人に「同じ価値観を伝えなさい」と言ったとすると、三十三世代後（約一千年後）には、私が持っていた価値観は、なんと八十五億の民の祖先になります。

いま私たちは三十三代さかのぼるとすると、ひとりの人の遺伝子を皆で分かち合っていることになります。**たったひとりの意思が三十三代後に伝わり、いま、私たちは、その意思の下に動いているのかもしれません。**

人間は、集団の中で相手に迷惑をかけてはいけないということで、殺人、強盗などをしないと抑制しています。その抑制する約束事をどこかで遺伝的にもらっているのかもしれません。

しかし、三十三代前に自分を律して生きようと決めた人がいて、その人がふたりの子どもに伝えたとします。いま地球上にいる私たちは、その決めごとに従って生きようと、無意識にやっているのかもしれません。

将来の人類はどうなるのかと考える時間があるなら、ふたりの子どもか友人に、自分の価値観を教えていくと、わずか一千年後に地球はその価値観で染まります。

目の前の人や、気に入らない現象を、闘って、争って、自分の力でどうこうしようと考えるのは、おごり高ぶりかもしれません。そんな力は私たちにはありません。

しかし、一生涯かけてふたりの子どもや友人に、自分なりの価値観を伝えることはできます。**「人間は、競い合い、比べ合うためにこの世に生命を受けたのではなく、お互いに助け合い、支え合いながら生きるもの」**という価値観を教えていく。そうすると、自分が、嬉しい、楽しい、幸せな人に囲まれていきます。さらに、一千年後も素晴らしい世界になっているかもしれません。

宇宙を光で満たす

# 「光」は感謝の心から生まれる

五百万年前に、霊長類が、オランウータン・ゴリラ・ヒヒ・サル・チンパンジー・ヒトなどに分かれました。霊長類とは、神様が、生物の中で天敵のいないものとして規定しています。

「チンパンジーを教育したら、人間のような知能になるのではないか」という質問をする人がいますが、五百万年前に別のルートを歩むことで決別しているので、ヒトの延長線上にくることはありません。

平行して分かれた中のひとつがヒトです。チンパンジーはどんなに進化してもチンパンジー、オランウータンがどんなに進化してもオランウータン（オランウータンは、森の住人という意味）のまま、それぞれが独自の進化を遂げていきます。

この霊長類の中で、人間にだけ、神様はありとあらゆる生物に絶対に与えなかったものをひとつだけ与えました。

それは「感謝」という概念です。**人間だけが、唯一、何かをしてもらったら感謝をし、感謝をされる、という生物なのです。**ひとりで生きているときは「ヒト」、人の間《あいだ》に生きて感謝の念を日常生活で使いこなせる人を、「人間」と呼びます。

サルやチンパンジーは、何者かに手を合わせて「ありがとう」と言うことはありません。

感謝をしなければいけないということではありません。しかし、私たち「人間」だけ「感謝」ができます。

**神様が人間に期待しているのは、「感謝をすること」かもしれません。**

感謝をするほう、されるほうのふたりが、「ありがとう」を言い合うと、光を生じ、その光は、永久に宇宙の果てまで進んでいきます。何百億年、何千億年経ったとしても、光は変わらず存在しているのです。

私たちの住んでいる地球は、宇宙の中のとても小さな星です。

地球が属する銀河系は、直径（バルジ）が十万光年、厚さ（ディスク）は中心付近で一万五千光年あり、この銀河系の中に、二千億〜四千億個の太陽が存在します。銀河系の中心から約三万光年離れているところに太陽系があり、その三番目に地球があります。

この天《あま》の川《がわ》銀河だけでも宇宙はとても明るいのですが、少し離れると、星と星とのあいだが開いているために夜の闇が忍び寄り、その闇があるから天の川が見えます。

いま、宇宙は滅茶苦茶に暗い状態なのかもしれません。ありとあらゆる天体に、感謝をする生物を創っていったら、何千億年、何兆年かけて、宇宙全体がものすごく、煌《きら》びやかに光るようになるかもしれません。もしかすると、**神様は、ありとあらゆる天体の上に、ありがとうと感謝をする生物をばらまいて、宇宙を光で満たしたいのではないでしょうか。**

私たちの人生は、自分がどこまで駆け上がるかとか、どれほど成功するか、売り上げを伸ばすかではないようです。私たちは、生命、肉体を持っているあいだに、いかに光を発していくか、神様に問われているのではないでしょうか。

共鳴共振

# 明るく光って、闇を照らす

音叉《おんさ》というものがあります。同じ大きさの音叉を二本持ってきて、一方を叩いて止めると音がやみます。しばらくして耳を澄ましていると、もう片方の音叉が響いています。それを共鳴共振と言います。

同じ素材で、同じ重さで、同じ組成物質でできていて、叩くと同じ振動で震えます。**あなたの隣の人が笑っていたとします。そうすると、影響を受けて自分も笑いたくなります。**自分が不機嫌だと、不機嫌の音が伝わっていきます。にこやかにしている人と、不機嫌な人、どちらがより強く共鳴共振を持っているでしょうか。

光と闇があります。光と闇は五〇対五〇の力を持っていると思うかもしれませんが、闇には力がありません。

なぜならば、光は一〇〇パーセント、闇は〇パーセントだからです。闇は光が入ってきた時点で、光になり、光がなくなった時点で初めて闇になります。闇は光に対抗できる力を持っていません。

闇がどんなに偉そうにはびこっていても、光が入ってきたら、必ず光になります。

**自分が明るく光を発する人になったら、目の前の闇は、闇でなくなります。笑顔でいつも明るいものを振りまいていたら、目の前にいる人の心に光が入っていきます。**

暗い闇の部分を自分が感じても構いませんが、それを「こんなに辛いことがある」と言うのではなく、自分がいつもニコニコして明るい光を持ち込んだら、闇は自分の前にはなくなっているでしょう。

宇宙には、闇という概念がありません。「私」が闇だと思われるところに、光を発しながら入っていったら、全部光になります。

そこで、このような標語を作ってみました。

**「世の中を　暗い暗いと嘆くより　自ら光って　その闇照らせ」**

光を発するために、私たちは何度も生まれ変わっているのです。

その第一歩として、自分の口から出る言葉を、「こんなに楽しい、嬉しいことがある」というような、面白くて楽しい話題、楽しい音にしてみてはいかがでしょうか。

## 解説

# 笑顔で〝喜びの循環〟を作る

正観塾《せいかんじゅく》師範代　高島《たかしま》　亮《りょう》

小林正観さんは、年間三百回を超えることもあった講演会で、笑顔の効用をよく説いていました。

「しかめ面をして眉間にしわを寄せていると、老化物質が出てどんどん老化してしまいますよ。それを止めるには、笑うこと。笑顔になると頬骨の下のツボが刺激されて、老化を防ぐことができます」

その話を聞くと、とたんに会場の皆さんは笑顔を作ります。やはり、老化するよりも若々しく元気でいたいものですよね。

皆さんの笑顔とともに会場の雰囲気も和らぎ、和やかな空気が広がります。笑顔で聴いてもらえるとますます話しやすくなるのでしょう、正観さんもますますエンジンがかかり、興味深くて面白い話が次々に飛び出します。それを聴いて、さらに笑いと笑顔が会場に溢れ、正観さんがさらに楽しそうに話を続けて……というふうに、笑顔と喜びの循環が生まれるのでした。

潜在能力の専門家でもあった**正観さんは、人間が潜在能力を発揮するための不可欠の条件として、「リラックスすること」「心が穏やかであること」を挙げました。**心と体はつながっているので、笑顔になると心も穏やかになり、リラックスできます。笑顔は、潜在能力の扉を開けるカギでもあるようです。

正観さんは、江戸時代の僧侶・良寛さんの「和顔」についてもよく触れました。いつも和やかな顔でいることを心がけていた良寛さんは、村の子どもたちからも大人たちからも慕われていたそうです。自分の口から出る言葉を温かいものにして、贈り物として人に届けるという「愛語」とともに、良寛さんは和やかな笑顔を常に投げかけたのでした。

**正観さんは、楽に楽しく幸せに生きるためのものの見方を「見方道《みかたどう》」として多くの人に伝え、「大事なのは実践することですよ」といつも言っていました。**知識を伝えるメッセンジャーに留まらず、自ら実践する「ジッセンジャー」であることの重要性を説いたわけですが、良寛さんはまさにジッセンジャーだったと言えるでしょう。

実践の基本は、「自分がどうするか」というところにあります。多くの場合、問題を解決するためには、他人や状況を自分の思い通りにしようとするわけですが、正観さんが説くのは、**自分が変わることによって問題を問題と感じなくなるという方法論です。「状況や他人を」どう変えるかではなく、「自分が」どう生きるかに徹するのが、見方道とその実践ということになります。**

実践とは、何を投げかけるか。具体的には、自分が心と言葉と体（行為）で何を発するかということです。どんな見方をして、どんな思いを発するか。どんな言葉を使い、どんな言葉を発するか。どんな表情で、どんな行為をするか。

そこには、**「投げかけたものが返ってくる」「投げかけないものは返らない」**という宇宙の大法則が働きます。「愛すれば愛される」「愛さなければ愛されない」「裁けば裁かれる」「裁かなければ裁かれない」「感謝すれば感謝される」「感謝しなければ感謝されない」という単純な法則です。

否定的な見方をすると、物事の否定的な面を見ることになるので、心も暗く重くなります。**肯定的な見方をすると、物事の肯定的な面が見えるので、心も明るく軽くな**

**ります。**

否定的な言葉、見方道で「五戒」と呼ぶ、「不平不満・愚痴・泣き言・悪口・文句」を言っていると、また五戒を言いたくなる状況に囲まれることになります。肯定的な言葉、見方道では七福神ならぬ「祝福神《しゅくふくじん》」と呼ぶ、「嬉しい、楽しい、幸せ、愛してる、大好き、ありがとう、ついてる」を口にすると、また祝福神を言いたくなるような状況に囲まれることになります。

しかめ面を投げかけていると、しかめ面に囲まれることになります。笑顔を投げかければ、笑顔に囲まれることになります。

見方道の実践とは、日常生活の中で肯定的な投げかけをすること。

自分を取り囲む状況にかかわらず、いつも笑顔を投げかけることは、簡単で効果の高い、最もベースとなる実践であり、その効用は、とても大きなものがあります。

正観さんのこの言葉のとおり、幸せとは、何かを手に入れることによってなるものではなく、自分が感じるもの。幸せと自分が思ったら、その瞬間に幸せになります。**「幸も不幸も存在しない。そう思う自分の心があるだけ」**

幸せになるには、幸せを感じる感性が必要なのです。

笑顔の実践をしていくと幸せの感性も広がるので、毎日は、肯定的な投げかけの練習の場であると同時に、幸せを味わう本番の場にもなることでしょう。

笑顔で明るく肯定的に生きると、自分が得です。その生き方自体が楽しいもので、投げかけたものも返ってくるからです。

さらに、**自分にとって得であるだけでなく、徳にもつながる**と正観さんは説きます。いつも明るい笑顔や温かい言葉を投げかけていると、周りの人に明るい光を投げかけることになり、喜ばれます。喜ばれることを「徳」と言います。

得は徳。徳とは喜ばれること。正観さんは、人が生まれてくるのは「喜ばれる存在」になるためと考えていました。その人生観からは、人生の目的は何かを成し遂げることではなく、周りの人やほかの存在に明るい光を投げかけながら喜ばれるように生きていくだけでいいという生き方が導かれます。

「自分がどう生きるか」「自分が光を投げかけることに徹する」という実践が、ここでもカギになりそうです。

**明るくイキイキと生きるさまを「光り輝く」と表現することがありますが、「光って輝いて」というこの本のタイトルの言葉は、単なる比喩ではなく、実際の光や輝き**

**のことをも指していると思われます。**

インドにあるマザー・テレサの施設で日本人の女子学生と大学教授が体験したエピソードを、正観さんはある講演会で話していました。介護をした患者が「ありがとう」と言ったとき、照明がないため暗くなった夕方の病室にボーッと光が広がったというエピソードでした。

その話をしたあと、「めったにやらないんだけど」と言いながら、正観さんはある実験をします。講演会場の窓をすべて閉め切り、照明も消して真っ暗にして、会場の皆さんで「ありがとう」を唱えたのでした。すると、暗闇の会場にボーッと光が広がったのだそうです。

「ありがとう」を言うと、人は本当に光るのかもしれません。喜び、喜ばれることで、人は光り合うことができるのかもしれません。

**いつも明るい笑顔と温かく肯定的な言葉を投げかけている人は、光を投げかけて喜ばれ、その喜びがまた光を発し、喜びの循環が光の循環をも生み出していく。そして、「ありがとう」とお互いに光り合い、輝き合って、喜ばれる存在になる。**

そんなふうに、笑顔で光って輝いて、人生を楽しんでいってはいかがでしょう。

［著者紹介］

## 小林正観　こばやし・せいかん

1948年東京生まれ。中央大学法学部卒。
作家、心学研究家、コンセプター、
デザイナー、SKPブランドオーナー。

学生時代から人間の潜在能力やESP現象、超常現象などに興味を抱き、独自の研究を続ける。年に約300回の講演依頼があり、全国を回る生活を続けていた。
2011年10月12日永眠。

著書に、「未来の智恵」シリーズ（弘園社）、「笑顔と元気の玉手箱」シリーズ（宝来社）、『淡々と生きる』（風雲舎）、『宇宙が応援する生き方』（致知出版社）、『日々の暮らしを楽にする』（Gakken）、『幸せが150％になる不思議な話』（サンマーク出版）、『運命好転十二条』（三笠書房）、『努力ゼロの幸福論』（大和書房）、『ありがとうの神様』（ダイヤモンド社）、『無敵の生きかた』（廣済堂出版）、『小林正観さんの人生のシナリオを輝かせる言葉』（主婦の友社）、『心を軽くする言葉』『脱力のすすめ』『なぜ、神さまを信じる人は幸せなのか？』『こころの遊歩道』『生きる大事・死ぬ大事』『宇宙を解説 百言葉』（イースト・プレス）、『魅力的な人々の共通項』『で、何が問題なんですか？』『宇宙が味方の見方道』『こころの宝島』（清談社Publico）など多数。

［お問い合わせ］
現在は、正観塾師範代 高島亮さんによる「正観塾」をはじめ茶話会、読書会、合宿など全国各地で正観さん仲間の楽しく笑顔あふれる集まりがあります。詳しくはSKPのホームページをご覧ください。

SKP　045-412-1685
小林正観さん公式ホームページ　http://www.skp358.com/

本書は2008年に実業之日本社より出版された
『笑顔で光って輝いて』を再編集したものです。

笑《え》顔《がお》で光《ひか》って輝《かがや》いて 改訂版
いきなり「幸《しあわ》せ」がやってくる70の法則《ほうそく》

2023年9月13日　第1刷発行

著　者　小林正観《こばやしせいかん》

ブックデザイン　福田和雄（FUKUDA DESIGN）
本文DTP　江尻智行

協　力　高島 亮
構　成　岡崎ゆみこ

発行人　畑 祐介
発行所　株式会社 清談社Publico
〒102-0073
東京都千代田区九段北1-2-2　グランドメゾン九段803
Tel. 03-6265-6185　Fax. 03-6265-6186

印刷所　中央精版印刷株式会社

ISBN 978-4-909979-50-6 C0030



清談社
Publico

http://seidansha.com/publico
X @seidansha_p
Facebook http://www.facebook.com/seidansha.publico